快速掌握学习技巧

［美］彼得·霍林斯（Peter Hollins） 著

赵文婷 王潞 译

U0299425

机械工业出版社

本书主要从五大方面介绍了学习中的技巧。这五大方面分别是：充分利用课堂时间、精通所学科目、制订计划与管理时间、八个记忆方法和应对考试的策略。

如何从容应对学习，特别是面临考试时避免焦头烂额，本书用非常贴近生活的语言，向我们展示了学习和考试中的常见问题及解决办法。本书内容丰富且具有很强的操作性，适用于学生群体以及各类需要学习成长的职场人群。

The Study Skills Handbook: How to Ace Tests, Get Straight A's, and Succeed in School

Copyright © 2021 by Peter Hollins

Simplified Chinese translation rights arranged with PKCS Mind, Inc. through TLL Literary Agency

Simplified Chinese Translation Copyright © 2023 China Machine Press. This edition is authorized for sale in the Chinese mainland (excluding Hong Kong SAR, Macao SAR and Taiwan). All rights reserved.

此版本仅限在中国大陆地区（不包括香港、澳门特别行政区及台湾地区）销售。未经出版者书面许可，不得以任何方式抄袭、复制或节录本书中的任何部分。

北京市版权局著作权合同登记号　图字：01-2022-3112

图书在版编目（CIP）数据

快速掌握学习技巧/（美）彼得·霍林斯（Peter Hollins）著；赵文婷，王潞译.—北京：机械工业出版社，2023.11

书名原文：The Study Skills Handbook：How to Ace Tests, Get Straight A's, and Succeed in School

ISBN 978-7-111-74077-3

Ⅰ.①快⋯　Ⅱ.①彼⋯②赵⋯③王⋯　Ⅲ.①学习方法　Ⅳ.①G442

中国国家版本馆 CIP 数据核字（2023）第 205468 号

机械工业出版社（北京市百万庄大街22号　邮政编码100037）
策划编辑：梁一鹏　刘　岚　责任编辑：梁一鹏　刘　岚
责任校对：宋　安　李　杉　责任印制：常天培
北京机工印刷厂有限公司印刷
2024年1月第1版第1次印刷
130mm×184mm·4.375印张·70千字
标准书号：ISBN 978-7-111-74077-3
定价：49.80元

电话服务　　　　　　　　　网络服务
客服电话：010-88361066　　机 工 官 网：www.cmpbook.com
　　　　　010-88379833　　机 工 官 博：weibo.com/cmp1952
　　　　　010-68326294　　金 书 网：www.golden-book.com
封底无防伪标均为盗版　　　机工教育服务网：www.cmpedu.com

目 录 ▶▶▶

第一章 ⟫⟫⟫
充分利用课堂时间

　　不论你是中学生、大学生还是成年学习者，也不论你在学习什么科目，你一定会明白学习的价值。然而，通过阅读本书，你还会认识到"元学习"，即学会如何学习。

　　我们很多人把学习新知识认为是自然而然的过程，这难道不奇怪吗？或许我们认为想要学习好，只要有良好的意愿、一点点的智慧和足够的努力就可以了。尽管不会有人否认这一看法，但善于学习几乎很少会偶然发生——我们需要一个经过实践检验的策略来准确地帮助我们从学习中获得更多知识。

　　本书为大家介绍的就是这样的学习策略。在这里，你将会收获很多在课堂上没有学过的学习技巧。接下来的章节中你将会看到一些十分熟悉的问题，例如：如何应对考试、如何提高记忆力或如何制订学习计划等，但我们提供给您的绝非局限于此。学习本书中的内容不仅可以直接有助于你的学习和考试，它还将作用于你的整个人生，让你终身受益。

让我们先从最主要的学习地点——教室开始。你最希望掌握的学习技巧之一应该是怎样听课吧。此前你很可能听过此类内容，但听课绝非是被动的过程，听课绝不是听到即可。如果到目前为止，听课时你还只是坐在教室里漫无目的地听讲，那你一定会错过很多重要内容。听课本质上是一个多阶段的过程。在这个过程中，我们接收信息，并对获得的信息进行加工处理。

那么，如何做到有效听课呢？这取决于你在每个阶段获取和处理信息的能力。

一、课堂上的高效听讲

我们认为：听课过程分为五个阶段，听课时我们必须把自己当作一个专注且积极主动的信息接收者，而不是只坐在那里被动地等着知识进入大脑。

1. 接收阶段

从生理角度讲，你的内耳器官会记录声波并将信息传递给大脑。但这个过程很有可能是"一个耳朵进，另一个耳朵出"。除非有一个关键要素的存在：你的注意力。

所谓注意力是指将你的感官聚焦，把接收到的信号转化为能够用于存储和记忆的有意义的数据。通常，认为自己记忆力差的人，实质上其主要问题是从一开始就没有专注过。稍后我们会深入学习神经科学的相关细节，但现在，想要接收信息阶段有所改善，需要能够尽可能多地排除干扰，排除任何可能影响你专注力的事物。

2. 理解阶段

理解一词到底是什么意思？

理解信息在听的过程中持续发生。大脑"听"到信息后，开始高速运转，理解接收到的信息，推断这些信息所表达的内涵并最终把所有碎片信息排列成一个条理的，有意义的表达内容。一旦你理解了讲话者想要表达的要点，你就能够对他接下来要讲的内容做出基本判断并更好地理解整体。你是否有过这样的经历：你理解对方说的每个词，每个句子，但就是弄不清楚对方想要表达的核心思想。出现这样的状况，实质上就是信息理解阶段出现了问题。

在一段信息中，除了人物、事件、地点等细节以外，还有最重要的内容需要掌握。我们不仅要理解信息中的细节，还要明白信息中包含的意图以及根据获取的信息我们应该如何做。此时最好的办法是问问题。当你在脑海中构建说话者所要表达的主要观点时，你可以主动思考这些观点之间能够建立关联的点——当师生之间进行积极有效的沟通时，学习效果是最好的。

3. 评价阶段

你不仅要做一块吸收信息的海绵，而且还要表达自己的观点。对接收到的信息进行评价，这是你产生自主看法的第一阶段。评价可以发生在多个层面——可以表达自己对对方观点的认同与否；可以评价对方观点是否有价值；可以评价这些信息对你是否有意义或者指明对方的表达否有偏见或错误；此外，你还可以就自己对信息的理解程度以及自己的不理解之处进行评价。

倾听过程中，积极地获取新信息、新认知，再将它们与已有的知识背景相结合，你可能会觉察到新信息、新知识与原有知识之间的差异或者确认哪些知识是有效的。

4. 反馈阶段

这个阶段，你要对获取的信息做出回应：你的想法、感受、行为或信息交流（言语性的或非言语性的）。你可以通过提问来引发一场对话或引导一堂课的走向；你可以点头微笑；你可以不露声色地决定是否要继续听下去或者记笔记来表达自己的看法。

5. 记忆阶段

把获取的信息在大脑中分门别类整理归纳，并且日后能够提取使用，这才是你的确掌握了某个知识的表现。记忆就像电脑的文件整理系统——文件路径越条理，命名越清晰，日后查找就越容易。

然而，人类的记忆在聆听过程中就发挥作用了。我们使用记忆串联知识，从一堂课或一句话之初就开始记忆，我们也用记忆中的知识帮助理解新学内容。语境不仅在当下向外扩展，同时也会向过去延伸。只有调动记忆力，我们才能建立逻辑关联或因果关系，才能对所获取的信息产生相应的见解。这就意味着我们对过去所学内容的理解程度直接影响着对现在所学内容的理解程度。

以上就是课堂听讲的五个阶段。现实听讲过程中，这五个阶段可以重叠发生。但如果其中任何一个阶段发生问题，你的整体听课效率都会大打折扣。如果你毫无计划，没有构建听课的整体框架，那你一定不会获得最好的听课效果。

下一节中，我们将讲解一些具体的学习技巧，但是假如没有扎实的听课技巧辅助，这些具体的学习技巧将不会发挥作用。当你明白学习过程是许多能力与过程间的协调或循环时，你就能够形成一种方法，让你从坐下来听课那一刻起，就能收获想要的东西。听课的过程是连续统一的整体——我们要做的并不是听很多遍，而是要运用更好的技巧去听。

听课（HEAR）技巧

这个技巧可以帮助你认真倾听并快速记忆。

H（Halt）代表停止当下的杂事。停下手中一切杂事，注意力集中到一件重要的事情，即你面前要学习的新材料。关掉手机，停止内心的杂念和其他琐事。屏蔽当下的干扰是很好的办法，但这也与前期的充分准备有关系。要确保自己能不被打扰，有足够的时间独立专注地学习。

E（Engage）全身心地投入到讲话者、讲师或老师的讲话当中。根据学习内容的不同，你可以选择记笔记、提问题、给出反馈、绘制思维导图或记录个人观点等不同的方法来学习。如果可能的话，你还可以对所学内容进行复盘，将自己的见解认知融汇其中。总结所学，复述或构建新旧知识关联。这好比是一场你和所学知识之间的对话。

A（Anticipate）对即将要学习的东西进行合理预测。你不能只是坐在那里，等着知识进入大脑。预测下一步知识的走向——这将极大地提升你对所学内容的理解程度，复习和综合把握效果也会更好。时刻问问自己，那些存在的问题是否已被解决。当你给自己一些新的思路或问题时，这将是很好的自我提升机会，帮助你将所学内容串联成一个整体，同时让你保持学习兴趣和专注力。

R（Replay）及时复习。这里所讲的复习不是指你在考试前对学了很久的知识进行的复习，而是指在你接触到所学内容后就开始同时进行总结记忆。听课时从接收到的信息中提取出关键内容，口头重复你所听到的东西或者用自己的话写下来。你也可以就所学内容的主题或者整体结构进行简要概述。

以上技巧是名副其实且简便易行的方法，但也需要长期坚持来养成好的习惯。其实你非常明白，听课效果的差异是次要的，最重要的是你必须花时间将所学新知掌握扎实，成为你可以脱口而出的东西。尤其是当你的学习从来都是在没有任何规划和技巧中进行的时候，时间的付出就显得尤为重要了。

二、笔记学习法

让我们重新回到听课技巧的第二点——全身心地投入到讲话者、讲师或老师的讲话当中。很显然，记笔记是深入理解学习材料的好方法，但同时它也很容易陷入一种机械和无意义状态。你是否曾经漫不经心地记下一些听到的词句，然后就把它们抛之脑后了？这并不是说记笔记没有用，只是怎么做很重要——你的学习目的、学习策略和专注力是关键。记笔记是将你接收到的信息进行归纳整理，并不是把听到的内容原封不动地写下来。

归纳整理笔记的一个有效办法是彼得记笔记法。笔记方法是原创的吗？是的，是我的原创。可以说，我已经研究这一学习过程许多年了，并且我对现有的记笔记方式都非常熟悉。这个方法结合了我比较认可的所有记笔记的方法，是一套非常有效的系统。

彼得记笔记法共有四个步骤，它能让你对学习的内容形成深刻的理解。这一方法确实比一般记笔记的方法要做更多的工作，但这也是它更有效的原因之一（请各位见谅，本书里没有介绍任何捷径，只有更有效的方法）。

彼得记笔记法不是让记笔记成为一种简单被动的操作，而是迫使你用自己的话提取关键词和重点信息。它能让你以一种可靠、系统的方式整理和归纳所学的信息，使你的学习和巩固知识变得更容易。

这四个步骤是：（1）像以往一样尽可能详细地记录接收到的信息；（2）用自己的语言归纳信息并提炼重要问题；（3）将所记录的具体信息与整个课程联系起来；（4）解决

遗留问题并再次总结每一章节的知识。

彼得记笔记法第一步：像以往一样尽可能详细地记录接收到的信息。把学习的资料中需要掌握的信息记录下来，但记住要在每个记录点下方要留出两行空白。这两行空白是为了给后面两个步骤中处理和分析信息留出空间。为了最大限度地记忆，接下来的几个步骤最好在你刚上完课，刚看完视频或者刚阅读之后马上进行。因此，第一步你只需像往常一样尽可能多地记录细节就好。

例如：如果研究亨利八世的饮食，你可以这样记录（以下是为了说明问题而进行的编造）："亨利八世和他的王室成员一顿饭要有多达 20 种不同的肉类。饮食标准少于这个数量被认为是对王室的一种侮辱。蔬菜和红酒也要提供，但只有肉类被认为是地位和财富的象征。"

彼得记笔记法第二步：第二步是本方法区别于其他形式记笔记方法的关键所在。从第一步留出的两行空白的第一行开始，用一个完整的句子把上面记录的笔记进行总结概况。概括时注意不要只是重复上面记录的内容，而是要把它们转化成你自己的语言，这样会有助于你加深理解。你如果在总结概括时提炼出更深的理解，找到所学信息之间的内在联系，那是再好不过了。

　　这个方法并不适用于每一条信息的记录，但无论如何都要这样做。这是为什么呢？虽然这个过程看似多余，但它有助于你巩固所学知识。强调用自己完整连贯的语句重复知识能够使你在重复过程中再次思考它的含义，这比简单的复述更能加深这些知识在你的脑海中的印象。

　　如果要用自己的话来总结上述例子，你可以这样写："亨利八世的饮食主要是肉类。在那个年代，饮食中包含多种肉类是财力雄厚、地位高贵的表现。肉类品种少对贵族而言是一种侮辱。红酒和蔬菜则不具备这样的代表意义。"

　　在第二行，你也可以列出自己对笔记内容中的疑问。这些疑问可以是对某些知识点的解释或者自己的知识盲区，总之应是一些有助于你理解内容整体的东西。在进行彼得记笔记法第三步之前，要考虑你所列的信息会起什么作用，它们的意义是什么。不论能否回答这些问题，这些深层次的思考都有助于你记住所学的内容。

　　关于亨利八世的饮食你可能会产生以下疑问："如此高蛋白的饮食对健康有何影响？每天这么多的肉，需要耗费多少人力？他们是怎样做到的？"或者相比之下，老百姓们的饮食是怎样的呢？其他文化或者国家，是怎样评价这些贵族的地位的呢？

使用荧光笔或者不同颜色的钢笔或铅笔来重点圈出这一部分，这是你在第一步记录内容的基础上思考提炼出来的信息。它们很重要，因为你不太可能再从头把第一步记录的全部内容再看一遍。

彼得记笔记法第三步：在预留的空白最后一行，也就是笔记的第三行，写一些笔记的主要内容与你正在研究的相关大主题之间的联系。如果你发现它们之间有因果关系，把它们写出来；如果你发现当下新学的内容让你明白了整件事情的来龙去脉、内在关联或者让你看到了人物的观点立场，也请把它们写下来。任何能够将所学信息之间形成联系的内容都应该被记录下来，这样，这些联系——也就是原始信息之间的联系，才能在你的大脑中形成长久的记忆。

经验法则是简单考虑所记的内容如何融入整体知识之中，以及它们的重要性体现在哪里。让我们继续以亨利八世为例：如果课程的重点是亨利八世的生平和遗产，那关于他的饮食和习惯的信息为什么会重要呢？

此处，你可能会注意到皇家饮食和平民百姓的饮食形成了鲜明的对比，后者的饮食主要是水果、蔬菜和他们自己种植的优质谷物。也许这就是导致亨利八世的臣民憎恨他并最终处决他的原因吧。你可能会注意到，亨利八世的肥胖可能就是这些丰盛大餐导致的。最终，你还会发现，这样的饮食是当时贵族生活富贵奢靡的标志，或者也可能仅仅是他富有生活的一件趣事而已。

找出当下所学信息对整体内容的价值体现，把之视为一个鲜活的因素，而不是一个枯燥的事实。

彼得记笔记法第四步：最后一步是在每一页（或每一个完整的笔记模块）结尾都要对第二步和第三步进行总结。当然，需要注意，如果在第二步中提出的问题仍未解决，请在此尝试回答。

最后一步提供了第四次机会促使你对所学内容进行回顾、整合和再度理解。如果说大多数人只进行了一次复习，你则是通过四个不同的形式复习了四次。这将会对你大有裨益。这四次重复的思维活动确保你能在很长时间之后依然可以很牢固地记住所学的知识及其含义。它不仅仅能够帮助你综合理解所学内容，还有助于你在必要的时候恰当运用它们。

在关于亨利八世的饮食这部分笔记的结尾，你可以这样写："亨利八世一家每顿饭要有 20 种不同的肉类。这在那个大多数人根本吃不起肉，只能靠水果、蔬菜和谷物来维持生存的年代，是不可思议的。这可能就是亨利八世以及其他同他一样的人肥胖的原因吧。我很想知道他们如何弄到了这么多的肉，这样的饮食导致了其他什么健康问题以及这样奢侈的开销方式会使得臣民对他有何看法。"

如你所见，彼得记笔记法赋予了笔记应有的重视和关注。当我们记笔记时，我们不仅仅是在记录信息，而是在为如何认知和理解这些信息绘制思维蓝图。这对于我们形成精确且深刻的第一印象起着至关重要的作用，请千万不要让一般常规的笔记来破坏这一点。这个方法能为你形成一个更深刻更全面的知识网。而恰恰是因为这一点，我们所学的知识才能更加牢固地存在于我们的脑海。如果你想更高效地学习和记忆，彼得记笔记法绝对是首选。

三、思维导图

另外一个可以让你高效接收新信息、科学整理信息并高质量理解的办法就是绘制思维导图。但同样，这个技巧需要你认真并有针对性地去学习——太多的学生只是坐下来潦草地画出一个他们认为的思维导图，但这只是在浪费时间，因为这样的思维导图对他们的理解毫无帮助。

思维导图是一个非常有价值的工具。它可以帮助你以一种十分简单又容易记住的方式来梳理各个主题之间的概念、主要内容和内在联系。不过这不是随意就可以做到的。请记住一点，你的目标并不是弄出一张看着漂亮的图。绘制思维导图是为了帮助你理解记忆，如果导图不能起到这个作用，那就只能分散你的注意力。

思维导图还能够指导你的学习，它能让你更容易地复习、找寻知识点之间的关联以及对某些知识点加深理解。正如它的名字一样，你需要绘制出一幅"导图"来展现你的思维，从而让自己更加清晰明了地掌握相关知识。

尽管展示思维的方式有很多种，例如概念图、蜘蛛网图，等等，但思维导图的优点却是独一无二的。因为它的结构特点，你能够对知识的整体结构一目了然，从而能直接确定最重要的部分而不必耗费精力去查询这些重要信息。

思维导图多色块的特点也能帮助你记住更多的信息。最后，当你学习到复杂的知识点时，你还可以将庞大的内容划分成多个子主题，用多个思维导图条理清晰地进行概括总结。

如何绘制思维导图

思维导图的创始人东尼·博赞给出了几条有效绘制思维导图的指导建议。你需要准备的全部物品就是几张纸和三种颜色以上的钢笔或铅笔。

步骤 1：

首先把一张纸水平放置在你的面前，然后在纸的正中间位置画一个与主题相关的图形或者画一个圈并在里面写上主题。一般来说，使用符号、图形或者绘图来表示信息、加深记忆是比较好的办法。不过，文字或气泡图也是可以使用的。

步骤 2：

从中心图出发，向各个不同方向延伸出较粗的分支，这个分支被称为一级分支。每个分支采用一个颜色加以区分。然后在一级分支下继续绘制二级分支，在分支上写出或画出各分支的主题。例如：如果你在学习哲学，你的一级分支可以是哲学的各个分科领域，如伦理学、形而上学、政治哲学、认识论等。

步骤 3：

继续在每一级分支中创建下一级分支，要确保它们的间隔足够大，尽量减少混乱。例如：哲学的一级分支是伦理学，你可以在伦理学的下一级分支进一步详细划分出思想流派，如功利主义和道义论。政治哲学分支可以下分出民主、寡头、贵族和暴政各分支。

步骤4：

继续绘制分支，进一步细化分支可能延伸出的内容。例如：对于功利主义，你可以简单写上"最多数人的最大幸福"，而道义论可以写上"基于规则的理论。"

你所要做的就是这些，非常简单。绘制中心图，然后不断画出每一级的分支和它们各自的分支与内容，直至画满整张纸。涉及哲学或心理学等整个学科时，制作多个思维导图可能更有帮助。工作流程是一样的，只是现在的中心图的内容变成了细分的主题而非更大的主题，例如政治哲学。这对你全面积累和整理所学知识非常有帮助。

下面是另外一个绘制思维导图的例子。

步骤1：

假设你想绘制一张关于不同政治意识形态的思维导图。你可以在中心图位置写上"政治意识形态"，并延伸出四个一级分支。

步骤2：

这些分支都有自己的分支内容，其中你可以写自由主义、共产主义、无政府主义和法西斯主义，或者你也可以用符号来表示。自由女神像代表自由主义，卡尔·马克思的头像代表共产主义，墨索里尼代表法西斯主义，无政府主义就用圆圈中间一个大写字母 A 表示。

步骤 3：

在这一级分支下继续绘制下一级分支及分支内容，通过文字或图形来表达。自由主义分支下可以下设三个同级分支："自由、平等、博爱""私有财产"和"自由公正的选举"。同样，共产主义分支下可以下设："国家调控经济""无阶级社会"和"废除宗教"等分支。

步骤 4：

继续以上步骤，直到填满整张纸。

接下来是最后一个如何创建思维导图的例子。

步骤 1：

假设你想绘制一幅关于美国历史的思维导图。在纸的中间位置画好气泡图，写上"美国历史"。然后从中心图延伸出至少六个一级分支。你也可以根据自己对内容详细程度的理解多画出几个一级分支，但对此处而言，六个分支就足够了。

步骤 2：

在每个一级分支上写上美国历史主要年份或标志性事件。你可以从清教徒到达普利茅斯岩开始，接着写美国独立战争、内战、美国卷入世界大战、冷战，此后内容全部归于

20 世纪 90 年代后的历史。

步骤 3：

像之前一样，在这些一级分支后继续延伸出下一级分支。在第一部分，你可能会想写感恩节、清教徒与美国原住民的互动，等等。接下来是一些革命大事件，如波士顿茶党以及一些与之相关事件的原因，还有民主制度的采用，等等。与此类似，接下来是与内战、世界大战和冷战相关的一些标志性事件、关键节点、事件结果和相关数据统计。

步骤 4：

继续为你的观点添加更多有深度的细节，这样，日后再回看这张图时，你还能找到相当多的与此主题相关的信息。

提升思维导图绘制能力的几点建议：

最初级的思维导图只需要用一支钢笔或铅笔在一张纸上画出中心图和各级分支即可。然而，要想达到思维导图的关键目的——便于记忆，这还是远远不够的。以下几个方法可以帮助你提升思维导图的绘制能力，并最大化地帮助你掌握相关知识。

1. 精简用词。保证各级分支上的词语描述简明扼要。

2. 强化视觉辅助，如色彩、符号和图画等。你也可以使用不同的文字书写方式。从中心图延伸出的一级分支可以一个都用小写字母而另一个全用大写字母。

3. 一些重点词汇加粗或加黑处理，凸显其重要性。

4. 各级分支按照层级的降低由粗到细表示。这也是从视觉上强化你对信息分级记忆的好方法。

5. 不要只局限于气泡图。每个分支下可以使用不同形状的图形。不同的形状可以帮助你区分不同的知识主题，提高记忆效率。

四、SQ3R 法

正如你所看到的，这些方法都有一个重要的共同点：它们都强调整体结构布局。某种程度上说，你学习理解材料的方式并不重要，重要的是你专注于学习。你处理和理解材料的方式取决于诸多因素，包括主题。

美国教育家弗朗西斯·P. 罗宾逊提出了一个最大程度利用学习资源的方法——SQ3R。该方法特别适用于需要从大量阅读中获取信息的情形。

这种方法以其五个组成部分命名：浏览（Survey）、提问（Question）、阅读（Read）、复述（Recite）、复习（Review）。

● 浏览。该方法的第一步是获得你准备阅读的资料的一般概况。小说或叙事文学只需要从开始读，然后顺水推舟地读完每一章，但教科书和纪实作品则不能这样阅读。最好的纪实类作品会以一种清晰难忘的方式来表达信息，且有着层层递进的建构方式。如果还没有浏览，就直接深入阅读，你将是盲目的，不知道会去哪里，也不知道试图达到什么目标。在探究第一章之前，你应当先看一眼整体的内容。浏览这个步骤能使你获得关于这本书主题的大致介绍，这样，你就可以制定你想要从阅读这本书中达到的目标了。

这就像你在开启一段公路旅行之前，要看一眼整个地图一样。此时你不需要拥有全部知识，但是要了解整体中的每个部分是什么以及它们如何关联，这将有助于你接下来处理细节及无用信息。由此，你也将会知晓，感到困惑时，你通常需要朝着哪个方向寻找线索。

在 SQ3R 方法中，浏览意味着查看作品的结构：包括书名、引言或前言、篇标题、章节标题、小标题和副标题。如果这本书有插图或图表，你也需要简单看一看。你还可以注意一下，这本书用来引导你阅读的惯例：字体、粗体或斜体文本，以及是否有章节目标和学习问题。在浏览步骤中，你要对即将阅读的材料建立预期，并给自己一个初始框架来建构你的阅读目标。

除了书籍之外，你还应当考察一个学科中的所有重要概念。如果你没有在类似于书籍目录这样的结构中找到它们，那么你需要尝试自己创建。是的，这是一个困难的环节，但是，一旦你能够阐明所有的概念，并至少在表面层次上理解概念间如何相互关联，你就会领先于其他人。在浏览阶段形成将要学习的内容的大纲，从某种意义上看，这很像是在为自己策划一本"书"。

在这个阶段，你需要明确，在力所能及范围内，你会在哪个具体方面增长见识。举例来讲，如果你想学习关于心理学的知识，这将花费极其大量的时间，而且不可能一次达成。因此，你需要把主题具体化一些：比如精神分析的早期历史、西格蒙德·弗洛伊德和卡尔·荣格的作品、运动心理学、发展心理学，等等——心理学的可选内容非常丰富，包罗万象。

你还需要关注一下同时出现在一些不同信息源中的短语或概念，因为它们代表了你所选择的领域中经常出现的元素，这可能是你必须要去了解的事物。在深入研究任何细节中的概念之前，先画出概念间的联系和因果关系图。

● 提问。在 SQ3R 方法的第二阶段，你仍然无须深入研究资料。在提问阶段，你得多花费点儿心思集中注意力，并与你正在阅读的资料进行互动。你要稍微仔细地看看这本书的结构，并形成一些你想要回答的问题，或设定出你希望达到的目标。

在阅读一本书的提问阶段——或者更准确地说，准备开始阅读——你要浏览一下章节的题目、标题和副标题，然后以问题的形式重新表述它们，这样，就把作者给出的枯燥标题转变成了你要解决的挑战或问题。例如，如果你正在读一本关于弗洛伊德的书，可能会有一章叫作"弗洛伊德解析梦境的理论基础"，那么，你可以把这一章的标题改写为"弗洛伊德关于梦的解析的研究是如何开始的？他对这个主题的最初想法是什么？"，你可以把这个问题写在书的空白处。如果你正在阅读的这本教科书在每一章节的最后都给出了学习问题，那么这些问题也可以成为你想要寻求的知识点的优秀指南。

现在，你已经整理好了学习计划中需要用到的资源，你可以把一些你将要研究的主题改编成你想要回答的问题，或者你想要达成的目标。基于已经安排好的资源材料，以及可能观察到的组织模式，你希望在你的研究中找到什么样的具体答案？把它们写下来。这也是一个对你的问题给出答案框架的良好时机——比如做一个每日日志，一个自我小测验，或某种"知识追踪者"。你目前无须回答这些问题，你只需知道，当你回答问题时，你将如何记录答案。

● 阅读。在这个阶段，你终于准备好深入研究这些资料了。因为你已经对资料拥有了一个大概了解，并为你的学习形成了一些问题和目标，当你最终坐下来阅读时，你会更加投入一些，你将去寻找你所提出的问题的答案。注意，在实际开始阅读之前，系统规划中还有一个容易被低估的方面，那就是建立对学习的预期。如今，你查阅所有资料已经有一段时间了，你可能会特别渴望赶紧深入研究，并且回答那些积累在大脑中的问题。

这一步是大多数人试图开始但却屡屡失败的地方，因为他们此时还缺乏知识根基，却有着不够理性的期望。

现在，你应当保持审慎从容的心态，调整好阅读进度，以保证你能更好地理解材料。这意味着要大大地放慢速度，对这些材料和你自己都要有耐心。如果有一段内容很难理解，要更慢地去阅读。如果没有弄清楚某个部分，停下来，回到开始，重读一遍。你并不是在读一本你无法放下的、引人入胜的小说，你所阅读的信息可能包含了密集的知识点，所以慢慢地、仔细地处理它，一次只处理一个部分。

阅读书籍可能是你学习计划的一部分，同样，那些视觉辅助工具、在线课程、互联网资源也可能是你的学习材料，就像你在阅读阶段使用书籍的方式那样去使用这些材料：审慎从容并且坚持不懈，目的是充分理解你要学习的每个概念。如果你感到迷惑，记得把它们倒回去并重新播放。计划好你的学习时间，以尽可能全面地提高理解水平。

● 复述。这一步在加工处理所学习的信息时是至关重要的，也是学习式阅读和娱乐性阅读之间最大的区别。现在，你已经熟悉了这些材料，复述阶段的目的是重新定位你的思想和注意力，以便你在前进的过程中更充分地学习。换句话说，这一步是关于实质性的内容记忆的。

对你所阅读的材料大声地、口头地提出问题，这些问题也是要点，和你之前在文本空白处写下的大量注释和下划线标识的关键点一样。复述可以通过口头的方式，也可以通过书面的方式进行。但重要的是，要用你自己的语言来重述这些观点，而不仅仅是把书中的段落抄录到一张纸上。通过这样做，你就会获得新知识，并能够用自己理解的语言来阐释，使得信息能够更容易被领会体悟，也对你产生了重大的意义。

举个例子，如果你正在看一本地质学书籍，你可以用以下方式重新措辞和重写要点，原始文本如下：

"这种比较表明，丘陵和山脉上侵蚀的缓慢进展与我们所看到的更快速、更可观察到的小规模侵蚀变化相似。"

你可以把上述文本重写成这样的内容：

"山脉和丘陵经历的腐坏过程与小洼地和河流一样，只是更缓慢。类似于棒球运动员衰退一样。"

我在这里所做的是把一个小的信息用不同的短语表达，最好是自己想出来的。这是一个用于复述的有效工具，对我个人而言，这也是让信息更有意义的好方法。我还添加了一点关于棒球的内容，因为我喜欢棒球，当我回顾它时，我可以立刻理解这个概念。

在整本书的学习过程中不断重复这样操作，这个经历会大幅度增加你的学习能力。

在你的学习过程中安排复述阶段是很棒的，因为它适用于不同的媒介，而且你能用很多种方式表达你的问题和叙述。

● 复习。这是 SQ3R 方法的最后一个阶段。你要回顾已经学习过的材料，重新温习最重要的知识点，并建立起记忆材料的技能。

罗宾逊将这个阶段分解到一周当中的不同时间里执行，在这里，我们不再赘述细节，只提到一些总体策略。包括：写出更多关于你所强调的重要部分的问题，口头回答一些问题，复习你的笔记，为重要的概念和术语创建抽认卡，用你自己的语言重写内容目录，构建一个思维导图等。任何可以帮助你深入研究、吸收和记忆信息的练习都是有用的策略

（抽认卡非常有效）。

这一步会加强你对资料的记忆，此外，还有更多的作用。它可以帮助你看到该主题不同方面之间的联系和相似性，在刚开始阅读时你不一定能注意到这些；它也可以帮助你把概念和想法放到更大的语境中；它还可以提高你的心理组织技能，这种技能可以迁移至其他主题的学习。

你还可以把这一步看作是浏览步骤的自然延续。此时此刻，你已经获得了这个主题的大纲，也掌握了知识细节，现在你应当后退回浏览步骤，重新评估，并总结出一个与时俱进的、更加准确的、更加深刻的新知识脉络，再把它与复述步骤相结合，你的自学和获取专业知识的路径就会变成一条捷径。记得使用抽认卡、思维导图、时间线、课后问题、分类图表、评论性分析、综合结论，还要记得提问："如果存在 X，那么它之后或之前是什么？"

SQ3R 方法不是能轻松拿下的，它非常详尽和细致，并且需要耐心和严格的组织计划才能实现。但是，如果你给自己足够的耐心和专心来认真、缓慢地对待每一步，你就会发现，这种方法对处理一个复杂的主题非常有帮助。如果你每次都坚持这样做，就会熟能生巧，一次比一次容易了。

在解释 SQ3R 方法时，我们也简要概述了大纲和笔记的作用，以及它们如何影响自学效果。毕竟，你不能只在头脑里组织所有的知识，还指望它会有效。

💡 **本章要点：**

- 高效利用课堂时间归根结底就是练就积极专注的听课习惯。听课其实是多种不同能力的集合。它包括五个阶段。

- 接收阶段，我们持续专注于学习新材料并努力获取更多信息。理解阶段，我们将听到的信息置于对应的语境当中理解其意义，并明确这些信息包含的意图以及它们与我们之间的关联。

- 评价阶段，我们对所学材料的质量和实用性进行评价，提出自己的观点和态度。反馈阶段，我们对所学信息做出言语性或非言语性的反馈。最后，记忆阶段，我们重温学过的东西，并用一些线索来唤起当初的记忆。

- 现实当中，这几个阶段彼此之间没有明显的分界，彼此重叠。它们在整个学习过程中不断重复。你在任何阶段产生的问题都可能成为整体上真正理解学习材料的关键问题。

- 听课技巧能帮助你组织并引导你的听课行为。首先停下当下的杂事，专注听课；然后通过记笔记、提问和复述等方法投入到学习当中；接着，依据接收到的信息对接下来的内容进行合理预测；最后就是进行及时的复习巩固。

- 彼得记笔记法能帮你从真正意义上理解记忆信息。它主要包括四个步骤：（1）像以往一样尽可能详细地记录接收到的信息；（2）用自己的语言归纳信息并整理出重要的问题；（3）将归纳的具体信息与整节课内容联系起来；（4）解决其他问题并再次总结每一章节的知识。通过系统地提取和总结关键信息，你记笔记的过程是积极有效的。SQ3R 法用于处理文本信息，它包含五个阶段：浏览、提问、阅读、复述和复习。

- 最后，如果阅读材料时能提出问题并进行批判性思考，你就更有可能对其进行理解、记忆，从而真正掌握所学知识。

第二章 >>>

精通所学科目

一、教会他人

也许你会奇怪为什么一本关于怎样学习的书籍会包括教会他人这样一部分内容。事实上，就教与学的关系而言，它们并不是相反的两个过程，它们只是理解的两个方式。自己学会再教会他人，比教与学二者中任何一个单一的方式都更能够加深对知识的理解。

观察他人如何学习以及整合知识，你会有意想不到的收获。

首先，你能看到别人是怎样学习理解信息的。有时，你会清楚地看到某个人在理解了某一知识后整个表情都亮了起来，这在学习过程中是非常有意义的。

其次，你能从教学行为中体会到老师的学习能力如何提升。通过观察他人的学习方式，你自己可以得到提升。理解事物的两面性是很重要的。当然，这一过程就是通过教会他人来帮助自己学习的过程。这一章节将为你阐明为何教会他人可以有效提升自己的学习，甚至还能影响到你生活的方方面面。

二、学习金字塔理论

你是否遇到过这样的情况：你以为你学会了某个知识，但向别人解释时却讲不明白。此时，你会怀疑自己的理解能力。使用思维导图和记笔记确实是输出学到信息的好办法，证明自己明白这些信息。但是，教会他人这种输出方式才是真正检验你学习情况的黄金标准，它可以迅速展示出你在思维中存在的漏洞和误判。

学习金字塔理论（也称为学习感受锥形图），揭示了教会他人之所以重要的原因。事实上，我们谈论的重点都是在围绕着一个核心：被动学习无效，而主动学习更有意义。这也是学习金字塔理论的核心内涵。

有些人看到这一理论后如获至宝，但请一定记得，这一理论中给出的数字仅作参考。不过，它确实体现了不同学习方式下的学习效率。作为学习者，请关注以下内容：

"教会别人"或者"马上应用"，可以记住 90%的学习内容。

"做中学"或"实际演练"，可以记住 75%的学习内容。

"小组讨论"，可以记住 50%的内容。

观看"示范"，可以记住 30%的学习内容。

使用"声音、图片"进行学习，可以学到 20%的学习内容。

通过"阅读"方式学习，可以学到 10%的学习内容。

"听讲"只能学到 5%的内容。

以上数字并不一定准确，也并未得到科学验证。就像大多数教育理论或模式一样，学习金字塔理论也受到了许多质疑和反对。然而，它确实反映了一个普遍趋势：学习投入度越高，学习效果越好；学习态度越积极，学习效果越好。

毋庸置疑，教学就是与我们接收到的新信息进行互动，它是最具参与性和主动性的活动之一。类似于自我解答和费曼技巧，教会别人不仅仅是将信息放入对方大脑，而是要让你真正明白你理解了什么，还有什么不理解。自学很好，但能够教会别人才是更好的。

教别人的过程是找到自己知识盲点的过程。必须把知识给别人解释清楚，这样能让你避免模棱两可的理解。"我知道是怎么回事，这一部分可以略过了。"但如果这是你向别人解释的内容，那就不能略过了——你必须把每一点都理解得明明白白，并且能够将知识点之间的联系讲清楚，你还必须能够应对听讲者随时提出的问题并帮助其实现逻辑自洽。

你给别人讲授知识的过程就是一个自我测试的过程，结果或者是会，或者是不会。如果你讲不清楚，那说明你自己也不是真正理解清晰了。不论出于何种原因，把自己的知识整理得更加完备总比临阵磨枪好得多。

让我们以摄影为例来分析一下学习金字塔理论。根据学习金字塔理论，阅读和听讲总计可以让你学会 15% 的内容。这是有道理的：通过相关教材或者一些课程，你只能学到这么多。通过声音、图片和观看示范，例如："特定角度"指什么，如何使用电脑对图片添加滤镜等，这些方法对学习摄影和处理图片会更有帮助。就摄影问题进行小组讨论，有助于你打开思路。花一些时间进行实际拍摄并且练习冲洗照片会让你的技术更加扎实。

现在，让我们来看看如何能够做到金字塔理论中提出的：金字塔底部所代表的"教会他人可以记住 90% 的学习内容"这个方法（根据你的喜好，也可从金字塔顶部开始）。你为学生讲解摄影基础知识、类型和原则，并想办法让学生记住这些内容。理论上说，整个学习过程中，你用自己的摄影知识作为指导依据，对学生在金字塔上面几层（或下面几层）中的学习效果进行监管。这些监管并不包括你在备课过程中对学生学习状况进行的预设。

所有的教学活动都是主动的，它们能够唤起你相关的知识储备——还记得我们曾经讲过真正的学会是能讲出多少而非学了多少吗？这就是学习金字塔理论中能够达到90%这个层级的本质。你的思维主动调取了已有知识，并通过逻辑性的语言讲出来使他人听明白。这个过程中，你对知识的理解会得到加深巩固。

很多时候，你会惊讶地发现，为学生深入浅出地讲解某个知识点时，你会突然产生不一样的更加深刻的见解。将抽象的概念用具体生动的语言或图形表达出来，往往会使你的理解变得更加清晰，更不用说学生们理解领会的程度了。教学过程迫使你将知识拆解开来进行讲授——这与解释某一理论或概念是全然不同的方式。

三、门徒效应

"教中学"并不是一个激进的或者特别新颖的概念。在教育领域里，它已经被公认为最好的学习方式之一。但有一点需要思考的是——为什么教学对教师如此有帮助？

近期研究中兴起了一种被称为"门徒效应"的概念。这一概念认为师者往往会更加努力学习，他们在理解、复习和应用所学知识时更加准确高效。教学的过程就是将自己对知识的理解传递到他人的思维当中，这个过程能让你更富有创造力和同理心，也能让你的思维更加开阔。因此，测试当中，老师往往比没有指导过学生的人得到更高的分数。你觉得这是什么原因导致的呢？

为了证明"门徒效应"的有效性，科学家们开发出了虚拟学生供学生们指导。这些虚拟学生被称之为"受教对象"，斯坦福大学的开发者们关于这项技术做出了如下解释：

"学生们通过创造知识系统图来教授他们的受教对象（这里的知识系统图相当于受教对象的大脑）。受教对象通过人工智能引擎来综合掌握知识系统图上各个知识以及彼此间的关联，然后对其所面对的问题进行回答。受教对象思考回答问题时，它的思维过程会被动态地呈现出来，以此为学生们提供教学成果反馈并掌握受教对象的思维模式。学生们接下来可以依据这些反馈来修正教授给受教对象的知识（他们相应地调整他们自己的教学）。"

此处，教授受教对象的学生们不再是传统意义上被动学习的学生——他们变成了教授者，受教对象扮演了学生的角色。学习过程中，受教对象会积极回答问题，当然也可能出现答错的情况。这些实验表明通过教授受教对象学习并得到反馈的学生，表现明显好于传统被动学习的学生们。

斯坦福的研究学者们还研究了引入受教对象对于八年级学习生物学的学生们学习的影响。一部分学生被要求学习一些生物学概念来教给他们的受教对象，其余的学生则被要求绘制出能够体现知识理解方式的网络知识系统图。结果表明使用受教对象的学生在学习上投入了更多的时间，学习状态也更加积极。简而言之，与只是为自己学习相比，使用受教对象的学生投入了四倍多的精力去教授"受教对象"。他们感到了自己的责任，这使得他们投入更多精力让自己变得更加专业——你的"门徒们"需要你！

斯坦福的研究学者们把"门徒效应"的作用归结为三个因素：

自尊心维护。这是一种心理盾牌，它能避免学生面对失败时产生负面情绪。这是一种强大的元认知力量，因为在不受失望这种负面情绪的刺痛下，学生们更容易对学习情况进行反思。教中学能够帮助学生很快塑造成长的意识并积极地面对失败。

渐进式的智力观。当为了引导他人学习而进行学习指导时，学生们会花费更多的时间来确保自己对知识的理解。这个反复学习和精进的过程也是帮助学生们提升学习效果的有效办法。

责任感。教会他人——本案例中是教会虚拟受教对象，能够激发学生对自己的学习过程提出更高的要求。当他们意识到自己讲授的知识将变成其他人思维中的内容时，他们会在一开始就特别注意自己的正确与否。学习的高效率向来都与学习者在学习过程中表现得更加积极主动的态度有关，而这一点是一名老师所必须具备的特质。

除非你是老师，否则你并不一定有机会教给别人知识。幸运的是，现代科技通过网络为我们提供了许多平台，供我们回答网友的问题（或者至少去寻找答案）。

Quora.com（美版知乎）就是一个很不错的网站，尽管它的内容有点不被限制——网友们可以在这里问一些体现群体思维的问题。许多问题是非常普遍的，也有一些则是能激起网友不满的问题。但它们很容易就被淹没掉，你遇到更多的是许多真诚的问题，希望得到严肃的回答。这是一个快速与他人分享信息的好机会。更重要的是，它能够让你得到"教中学"的好处，从而对某些知识掌握得更扎实。

另外一个利用"教会别人"这种好处促进你自己学习的

方法就是小组学习，轮流当"老师"讲课。尽管这个方法看起来有点老套，但即便是假装给他人讲课都能让你有所收获。自己站在那里，为想象中的那个人进行展示讲解（你可以把你的宠物或玩具当作观众），设想他们会提出什么问题，关注自己在哪些地方讲解得不太清楚或感到紧张。

四、举例和类比思维

如果你对这个方法稍加练习，你就能充分体会到它的好处了。你是否注意到你总是本能地寻找一些例子，比喻或者小故事，为的是让学生们更加形象地理解某些难于理解的内容。为了讲清楚某个概念，例如未知的事物，你会很自然地从已知事物这个概念入手。你可以有意识地运用类比、举例和比喻的方式来丰富自己对材料的理解。这些也有助于复习和回忆知识。

除了使用不同的类比方式来加深你对材料的理解外，还有一些有科学依据的其他方法可以增强这些类比对你学习的帮助。它们是：

1. 同一主题使用多个类比

这一点不言而喻，将多种类比方式运用于学习能够确保你对知识的理解不只停留于表面。因为类比在强迫你进行思维转换，根据你使用的类比的方式不同，它们将从多方面挑战你对关键概念的理解。总的来说，尽可能多地使用与所学内容相关的类比是一个非常好的办法。

例如：你要学习自由主义相关的理论，首先，可以使用反义类比。冷和热是一对反义词，那么自由主义的反义词是什么呢？可能是保守主义。

其次，我们可以通过种属类比法。自由主义是一种政治意识形态，就好比苹果手机是一种智能手机一样。

第三种是事物/特征类比法。自由主义的特征是什么？它的特征是人权，这类似于讲话音量之于讲话者。同样，对于自己要学习的主题或概念，可使用多种类比。

2. 使用例子来帮助你学习

这一观点源于丹尼尔·施瓦茨和约翰·布兰斯福德。这种方法中例子的使用非常重要，因为初学者可以通过这些例子来学习新知。专家们可以不借鉴例子，他们已经对相关主题非常熟悉了。但是，大多数情况下，例子有助于你理解复杂概念，让你形成更加生动形象的记忆。

假设你在研究伦理学，你要记录它适用的不同情境。当你不想和你的朋友聊天时，你会谎称你很忙吗？应不应该这样呢？如果你必须把一个馅饼分给三个人，你会怎样切来保证公平呢？这样的例子会让你的学习变得生动，因为它们使枯燥的知识变得更加真实，贴近生活。

如果可以的话，尽可能让你的例子具体且与个人相关。一些抽象概念跟现实生活联系得越紧密，你的学生（或者你）就能越快地掌握并运用它们。把举例和比喻融入日常交流当中。以上的例子中，通过提问的方式进行类比，会让人印象更加深刻。通过提问的方式，你可以引领学生从已知得出未知——你为你们双方同时找到了前进的道路。

3. 牢记类比的目的

很多时候，我们使用类比只是机械地理解了某些概念，却根本不知道使用这样类比的理由。例如：如果一个学生被问到什么是线粒体，他回答："它是细胞的'发电站'。"这是教材中使用的标准类比。然而，许多人只记住了这个类比，却不明白线粒体对于细胞而言为什么是发电站。

为了避免这个问题，方法之一就是构建能够清晰体现比较者角色或目的的类比。在线粒体这个例子当中，思考一下它必须具备什么功能才能被称之为细胞的"发电站"。它必须给细胞提供能量。这样一来，类比中用能量一词就更加准确了。

另外，你还可以列出类比的几个缺点。"发电站"只能表明线粒体在储存能量，但事实上，线粒体还负责为细胞提取、处理和释放能量。因此，仅仅记住类比是不够的，你必须知道为什么要使用这个类比，这也是学习的过程。请记住，任何你使用的类比只有当它能够真正阐明事物特征时才是好的类比——如果它不能发挥这样的作用，请完全忘掉它！

4. 在难度大的概念上运用类比

尽管使用类比非常有利于学习，但我们建议将类比方法更多地运用于更有难度的知识学习中。学生们在实际学习当中发现在一些较为容易的信息和概念中运用类比，反而会产生混淆。

当遇到一些比较容易理解的知识点时，不需要将其拆解记忆，否则，你很容易陷入一种生搬硬套某个类比的混乱之中。面对更加复杂的知识时，可以从多个角度寻找适当的类比来便于记忆。

将你所使用过的类比列出，找出其中存在的问题，并尽可能做记号进行标注。根据多媒介学习理论，同时使用符号和文字线索是提高记忆和理解的有效方法。在类比公式的左边使用恰当的对比，这会使你的类比对象之间的关系更加清晰明了，而不需要太多的重复阅读。

类比思维

让我们深入研究一种特定类型的类比思维。

你该如何向一个对某一领域完全陌生的人解释这个领域里的新事物呢？比如介绍某交通出行领域的优步，而不是该领域中的其他什么方面。

当我们想理解某个概念时，总是会不自觉地使用类比法。这一方式可以立刻为我们提供一个易于理解的语境，因为我们的思维首先是专注于一个概念，然后逐渐对其进行区分，直至理解。

当然，通过类比在新知识之间建立联系也是扩大知识面的很好的办法。尽管我们有天然使用类比的倾向，但它作为人类一个重要的认知方式还是被低估被忽视了。相比之下，一些神经科学家，如印第安纳大学教授达格拉斯·霍夫施塔特，他断言类比思维是所有人类思想的基础。

他的依据是类比能使我们理解事物时把其分为不同类别，类别让我们区分不同的信息和概念。我们有能力区分相似度——类比的一种形式，从而用不同的方式将事物分类。

从我们如何区分动物就能够很容易地看出这一点。对于常人而言，猫和狗看起来十分相似。它们都有皮毛、四条腿和一条尾巴，但它们在脸部、饮食、行为和进化痕迹方面的区别让我们能将它们区分开来。它们之间有相似之处，但它们更接近于自己的同类。这也是我们将它们划分为两个不同类型的原因。但这一切也意味着我们不会用狗来描述猫或者用猫来描述狗。

一些更复杂、更高阶的人类认知是通过类比形成的。以更加抽象的哺乳动物这一概念为例。这个概念将猫和狗划分为同一范畴，同时该范畴内还有鸭嘴兽、海豚和负鼠等动物。没有人会认为海豚和家猫有任何相似之处，但科学却明确了这一点。分泌乳汁、有毛发或皮毛、体温恒定都是哺乳动物的划分标准。如果某一动物具备以上特点，它就可以被归为哺乳动物。

把这些共同的标准归纳在一起，我们就形成了对哺乳动物这一高阶概念的认知。这可以让我们分辨出哪些动物符合要求。我们归纳的哺乳动物的这些标准让我们明白海豚和鸭嘴兽是有相同之处的。

随着年龄的增长以及对生活和文化的深入接触，我们的认知以及用于描述世界的类比都在不断发生变化。不论我们学了什么，都会经过大脑的筛选，形成类比，通过类比区分客观事物和主观看法，以此对世界进行分类，进而理解世界。当我们学习新东西时，我们有意识地对它们进行区分并形成类比，这样可以加快我们整合新学知识的过程。

我们已经讨论了类比对整体认知的作用和重要性，那么我们该如何将其更有效地应用于自学和理解新知呢？正如我们之前提到过的，类比提供了一个易于理解的语境——一种你正准备获取的信息的心理模型，接下来你可以慢慢区分其细节并充实其内容。

例如，我们之前提到，新企业通常被称为"优步 X"。优步是一家共享汽车公司，它的主要业务是由私家车主提供交通运输服务。因此，任何关于"优步 X"的描述指的都是由私家车主提供的货物或人的交通运输服务。现在，我们形成了一个心理模型——一个关于涉及什么内容、目的是什么以及有何功能的好想法。

接着，最重要的一点出现了——你怎样区分这个"优步 X"和优步公司？是什么独特的因素让它能够独立于优步存在？这个因素和你对这个新企业的看法，完全取决于你的类比。当你接触到一个新信息并且有意识地为其创造一个类比时，你就做到了以下两点：找到了一个自己非常熟悉、能够将其与新信息进行比较进而找出二者之间异同的相似类比物；对两个类比物之间的特征非常了解，并能够找出它们的差异。到这个时候，深刻的综合理解就产生了。

例如，如果你想创建一个关于学习一部新法律立法步骤的类比，该如何做呢？请遵照以上两个步骤。首先，你要找到一个现存的、自己熟悉并能让你想到立法步骤的信息，在你的脑海中搜寻相似的东西。这种对主次因素的分析对你的学习也是很有帮助的。

接下来，思考它们之间有何差异呢？这时，依据你的深刻理解，你能够清楚地区分两个概念之间的不同。找出一些细节，弄清楚两个概念之间看起来有些相似但实际上又完全不同的信息。把这些信息对于新立法意味着什么记录下来。

这不仅仅是对比两个不同概念的思维练习——这是新旧信息之间的碰撞，在碰撞中产生深层次的理解和记忆。

五、布鲁姆认知分类

另外一个有用的工具叫作布鲁姆认知分类，是由本杰明·布鲁姆在 1956 年（更新于 2001 年）提出的。它用于测评大学生的学术表现。自从这一理论被提出，它就在强调全面掌握的实践类课程制订当中发挥着纲领性作用，成为学术机构中的主要研究内容。就我们的目的而言，它是真正地可以将你的理解一步步引向新高度的准则。这个神奇的认知分类法会在你理解问题过程中发挥出它的作用。当你遇到一个好的指导老师时，这些认知分类法可以帮助你疏通理解的障碍，根据你目前的程度为你确定合理的发展方向。他们会辅助你去理解那些你原本无法接触到的新的学习材料。当你孤军奋战时，你很难看到另一个高度的东西，更不用说超出这一高度之外的东西。布鲁姆认知分类法就像一幅引导你的思维从一个高度达到另一高度的地图。

布鲁姆认知分类提出，要想达到理解认知的最高水平（专业级别），我们需要经过六个层次。大多数人无法达到最高水平，所以不必被其所困。如果你在某一层次感到吃力，那很可能是由于你在之前一个层次中做得不够扎实或是干脆没有做到。布鲁姆认知分类六个层次由低到高分别为：

识记：对学习的知识材料的记忆。

领会：通过口头、文字和图片形式把握材料意义。具体形式有：用自己的话进行表达、举例证明、分类、总结、推断、比较和解释。

运用：把学到的知识应用于新的情景、解决实际问题。

分析：通过区分差异、条理归纳和归因等方式把复杂的整体知识分解成各个部分，理解部分与部分之间、部分与整体之间的联系。

评价：对比标准，通过检查和评判来做出价值判断。

创造：通过获取材料，制订规划并整合归纳，将获得的各种知识整合成一个全新的、有机的整体。

一旦达到了最高层次，你对整个材料的把握就会非常深刻。可是，假如没有各个阶段的扎实工作，你是不可能达到更高一个层次的。日常生活中我们总能看到这样的情况：某人对所学主题达不甚理解，却试图对学习材料的整体进行价值判断，这必定遭遇失败。究其原因就在于没有遵循认知分类的规律。

在引导你学习并形成科学的学习步骤上，布鲁姆认知分类是一个非常有用的工具。究其本质，认知分类为你列出了一些如何在某一专题方面变得专业的方法。布鲁姆认知分类关注的是能够让你构建和分析信息的心理过程。每一个行为动词都是指导你领会和运用新信息的最佳工具。

布鲁姆的理论框架非常了不起，因为它的适用性很广，可以被运用于多个领域。无论是在课堂、工作岗位还是为实现个人目标而进行个性化规划，这个认知分类法都是你的制胜法宝。

整个认知分类以学习的心理认知过程为基础。因此，这一认知分类进行的归纳非常顺畅有条理。当你接触一个新概念时，为了理解你首先需要识记它，然后基于理解进行应用。为了对其进行价值评价，你需要分析它。而为了创造出准确的结论，你必须进行全面的评价。整个学习过程中，主要的挑战是不断自我反省以及对自己的准确定位。只有这样，你才能够明确为了在学习中达到更好的水平自己需要做些什么。

接下来，让我们深入了解一下每个层次的具体要求。

首先，识记包含听讲、查找信息（使用搜索引擎等工具）、主动记忆，标注重要信息以备日后查用、划出重点用以归纳和反复记忆所学信息。

这个层次是关于信息的获取与记忆，储备知识以便日后使用。如果学习过程中你非常善于针对阅读内容做标注和笔记，那么你可以称得上是一个积极主动的学习者。在学习或阅读中把信息归纳成表格或便于记忆的要点，这能够帮助你形成更加持久的记忆。识记也包括绘制重点提纲、引用原文或给要点下定义。这样日后复习回顾时会更有效果。考试复习时，你会用到这些技巧。

领会发生在我们主动阅读信息的过程当中。识记是将信息具体化并储存下来，而领会则是要将知识分解以便更清晰地明白它的真正含义，就像某些人拆开家用电器了解内部结构一样。将信息分类（如同我们现在做的），形成各自的知识模块，依据你所有的材料进行合理推断并以此为依据对下文进行预测，最后进行总结归纳，用自己的话进行复述。这些都是帮助你更加深刻理解某些知识的认知策略。

教学中，要求学生们用自己的话重新概括文章内容的老师们，他们的目的不是测试学生记忆，而是检查学生是否理解。如果你对某一知识理解深刻，那不论通过何种形式表达，你都能掌握其本质。如果你曾试图向别人解释一个对方不熟悉的复杂概念，举例子可能不失为一个好办法。你可以通过一个他熟悉的比喻来向对方展示你想表达的复杂概念的意思。这种构建关联的能力对于培养你的深刻理解力来说是至关重要的。

第三个层次是运用。广义上讲，不论是通过实践、简述、操作还是表述的方式将所学信息置于现实生活当中，都是运用。你可能已经注意到，这里所使用的动词和其他层次所使用的动词有较大的重复——当你意识到人类大脑的活动并非单独、毫无关联，而是一种我们想通过不同模型来努力弄清楚的连续发生的思维活动时，你就会理解这种重复的客观性和必然性了。

事实上，布鲁姆行为认知分类本身就是一种运用。它是用一种具体的方式记录并呈现信息——将一些抽象概念通过类比变成具体模型或易于理解的观点、概念。描写、准备、展示、重做甚至游戏，都是这一层次认知中的行为。你每次绘制饼形图来说明数据、制订计划并成为现实或者设计了一个能够完成的实验，这都是在运用。

第四个层次是分析，这个层次更是显而易见。这一层次的行为主要有提问、解释、组织、解构、关联和计算。它涵盖的是那些能够体现我们对信息进行切实的整理和运用的行为动词，这不只是简单的动作切换，而是利于深入理解信息并掌握其本质。布鲁姆的理论本身就是评价和分类的范例。当你绘制思维导图，并将其中各个分支的内容进行融汇和分解时，你会想到它们彼此之间的关联，此时的你实际上就参与到了分析这项活动当中。

第五个层次是评价。它包含任何表明我们对所学材料进行价值判断的动词。在上一个层次中，分析活动是不体现价值判断倾向的，它仅仅涉及领会意思。但在这一层次，会出现批评、评级、反思、审查、评估和验证这些含义。这是训练鉴别力的地方——将所获信息与既定目标进行权衡比较的地方。你的实验结果是否有意义？你评估的事项其质量和精度如何？你的表现怎样？你能够把所有获取的信息整理到一起汇总成一篇还不错的文章吗？

布鲁姆行为认知最后一个层次是创造。这一层次，我们与信息之间的关系非常单纯：我们创造信息。作曲、将已知的事物融合成新事物、拍电影、写剧本或角色扮演，都是使用已知的事物创造新事物。其他一些创造性工作包括编程、设计系统，将某一材料改变形态等。有趣的是，布鲁姆甚至认为领导力也是创造性的。因为领导往往涉及引导人们走向一个全新的、自我创造的愿景。

再次强调，以上这些行为动作在各层次之间常常重叠——这里的重点不是区分各个层次。这个认知理论是为了帮助你从多个不同角度来分析处理信息。拥有这个理论就好像拥有一盒颜色多样的眼镜，你可以戴着它们通过不同的光线看到同一事物的多种样子。当你认真学习并且记忆信息时，积极主动地处理信息会产生巨大的影响——不仅仅以一种或两种方式，而是尽可能多的方式。

当你学习新东西时，假设在看书，你很有可能对文本中的重点信息进行勾画以便于总结（识记）。接着用自己的话进行复述（领会），再把自己领会到的内容以图表形式构建出结构（运用），再接下来花一些时间在绘制的图表中发现自己的问题，或者把这个图表与自己的其他图表进行比较（分析）。经过这些活动之后，你可以问问自己，这些活动是

否真的对你的学习有帮助（评价），并使用这些评价来指导
你后面的学习方式（创造）。

以上每个步骤听起来可能很乏味，但这是融合处理信息
的正确方式。事实上，正是这些困难的思维活动才真正将大
脑中各种概念和事件记忆加以巩固。

六、从错误中学习

后面一个章节我们会专门讲如何从错误和失败中学习，
不过这里也有必要先提一下。大多数情况下，我们都用以下
标准来定义成功：胜利、积极的结果或是找到解决方案。但
这就是我们努力提升学习能力的全部意义吗？具有讽刺意味
的是，成功的关键因素之一就是要经历失败，我们中却很少
有人被教导如何正确看待这个问题。因此，我们没有给予失
败它该有的重视，错过了失败带给我们的重要教训。

有效失败是新加坡国家教育学院研究员马努·卡普尔提
出的一个观点。这一基本理论建立在学习悖论基础之上，即
没有达到预期结果和获得成功同样拥有价值，甚至价值更
大。你也可能已经认同接受失望情绪、培养坚韧的品格以及
坚持克服困难对于学习而言是十分重要的。但有效失败并不
是指情感上的影响，而是精神层面的影响。换句话说，接受

失败并不仅仅有心理层面的好处，它还能够切实提高你的认知能力。

卡普尔指出，传授知识的公认模式——给予学生们早期的知识构建和方法指导，直到学生们自己可以独立获取知识，可能并不是促进学习的最好方式。卡普尔认为，尽管这种模式听起来是有道理的，但实际上最好的办法是让学生在没有外界帮助的情况下自己摸索。

卡普尔对两组学生进行了试验。第一组学生们在老师现场全面的指导下解决了一系列问题。第二组学生被给予同样的问题，但没有老师任何的指导，他们必须合作学习寻求解决方案。

得到老师支持的第一组学生正确解决了所有问题，第二组学生则没有解决。然而，由于没有被指导，第二组的学生们被迫通过合作更深入地研究了问题，他们对问题的本质产生了自己的看法并推测了可能的解决方案。他们一直在尝试找到问题的根源和解决办法。他们研究了多种解决方案、具体实施办法和多种思考角度，最终得出了对这一问题的全方位立体的理解。

接下来对这两个小组的学生进行学习成果测试，结果差异明显。没有得到老师协助的小组成员明显比得到老师援助的小组学到了更多的东西。第二个小组没有最终解决问题却发现了卡普尔所认为的失败的"隐藏功效"：通过小组合作探究，他们对问题的结构有了更深刻的理解。

第二个小组虽然没有解决问题，但他们却学到了更多知识。接下来的学习道路上，当他们再次遇到其他测试中的问题时，就可以比那些被动接受老师指导的孩子们更积极主动地自己尝试并获得认知。

由此，卡普尔断言，第二组学生失败的积极意义就在于他们的失误、错误和摸索。通过积极摸索，他们获得了更多有利于日后解决其他问题的知识。此时，这些学生可能会不自信，会对他们面对的这些不确定的事情感到沮丧。事实上，这些不快并不意味着事情遇到什么问题——他们正在进行一次强大的学习体验。

卡普尔说，以下三个条件可以使失败成为积极有意义的过程：

选择那些"有难度但不会把你击退"的问题；

给予学习者阐述他们处理问题过程的机会；

允许学习者对解决方案的好坏进行对比。

在学习中克服困难是一种积极的学习状态，你需要足够的自律以及一种延迟满足的能力。显然这是违背人类本能的，那么，我们应该如何让失败真正起到积极作用呢？

遇到失败时，我们很可能都会感到气馁，产生放弃的念头。甚至有时一项工作刚一开始我们就产生了这样的情绪，这会导致严重的焦虑，影响工作。

迎接挫折而不是屈服于挫折。

应该提前做好承受挫折的准备——必须有切实的计划，要知道如何应对。面对挫折时，制订一个计划或想一个办法——通常情况下，可以留给自己一些喘息的空间，调整状态再出发。仅仅就是这样一个短暂的喘息，就能够让你恢复冷静，客观地看待问题。无论如何，做好迎接挫折的思想准备总会缓解你的压力，让你以更加饱满的状态去面对一切。

其实这就是一个和焦虑与困惑融洽相处的问题，就好比你同时向空中抛出十个球想要流畅地玩手技杂耍，却不知道何时能把球收回来一样。

为了学习还是为了结果，二者衡量成功的标准是完全不同的。如果你是为了学到东西，你只是在寻求知识的增多——任何增长都是成功的学习。调整自己对学习的认知——学习应该和结果一样重要，甚至更重要。

当然，那些明确固定不变的知识，如事实和日期，并不在上述知识增长范畴内。但是应该深刻和多角度理解的知识就是我们所说的需要增长的知识了。它们不是靠背诵就可以记住的东西，而是需要我们去思考和应用。在思考和应用的过程中，失败是不可避免的。某种意义上而言，失败的功能类似于我们前一章节中提到的问题类型，它能让你依据以往的无效办法或错误经验来更深刻全面地看待问题。

最后，失败也可以被用作指导我们下一步行动的蓝图。它就像是一次意料之外的测试，能够更精确地指导我们去做接下来的事情。

例如，你开辟了一块地种菜，整个种植过程中你很注意方法和技术的运用，但到收获时节，有一些植株并没有按照你的预期结出果子。这是因为你选的土壤有问题吗？查找资料看看这种土壤为什么不行，又应该用什么土壤。或者是因为植株间距太近导致的吗？那就去学习如何在有限空间内实现种植最大化。

所有这些问题的背后都隐藏了这样一个事实：生活中我们做一切事情都想要避免失败，尤其是在学习上。与积极寻求成功的人相比这就会导致截然不同的结果。积极寻求成功的人为了最终结果而不考虑得失，而我们是尽量回避失败和冒险。我们不想把失败当作常伴自己左右的朋友，但你必须知道，不论你愿意与否，它都将会不时地出现在你的身边。

有了这样的思想准备，你就能够深刻理解这个说法了：承担更大的风险，同时才能获得更大的回报。

 本章要点：

- 教会他人的过程中，我们自己的理解和记忆得以加深。因为我们挖掘到了材料背后更丰富的内涵。与其他策略相比，教会他人应该是提高记忆和加深理解的最好方法。

- 门徒效应指的是教别人学会东西的学生学得更扎实。这可能与他们用更强的责任心来对待学习有关系，他们因此也学到了更多的东西，且日后的学习会更顺利。

- 类比、举例和比喻都是深刻理解新学概念的有力工具。为了在教与学的过程中更有效地使用它们，请尽可能多地使用不同的类比，并且混合使用几种方式，举例主要用于解释说明。请注意使用类比时要进行有效类比（这才是它的本质目的），同时建议用于较为复杂的概念。因为容易的概念使用类比反而会造成混淆，适得其反。

- 布鲁姆认知分类理论是帮助你理解知识或加深记忆的路线图。它可以为我们指出深化记忆的路径。并非一定要达到这一认知分类理论的六个层次，但每前进一个层次都需要建立在上一层次扎实的基础之上。

- 布鲁姆认知分类理论的六个层次是：识记、领会、运用、分析、评价和创造。如果你在学习中遇到了困难，你可以对照上述六个层次找出自己目前知识掌握所处的层次，然后认真做到下一层次需要达到的程度。要注意避免急于求成，切忌没有做好上一层次就开始下一层次，这样只会让接下来的学习更加困难。

- 有效失败是指那些在学习或做事中产生的能够打开我们的思路，启发我们理解的错误、尝试与失败。它比被动接受正确的方法更有意义。遇到困难时靠自己去发现问题是很艰难的，但这个过程会让我们对所要学习的东西形成更细致的理解。从失败中我们得到的启发是：积极面对学习中的混乱和不确定性，它们可以加深你对知识的理解。

第三章 >>>
制订计划与管理时间

一、理想的学习环境

让我们变得有条理一些吧。说到这一点，我也很明白日常的事情不会像火箭发射那般严谨有条。不过，问题是很多事情看似简单但却不容易做好。我们当中有很多人不假思索地投入到学习当中，因为我们（错误地）认为该做什么显而易见，不用尝试就该这样。承认吧——你已经拿着书和荧光笔坐在那里准备"学习"，然而你依然不明白学习到底意味着什么！

第一要务：合适的地点。如果你能够进入某一中学或大学图书馆，或者家里、工作单位有一个能摆放书桌的安静房间，这都是学习的好地方。并不是所有人都有如此选择，但我们总是要利用自己所能拥有的条件。一天当中你可能会换几个地方学习，你的学习时间因此也是分段式的。以自己的个人习惯和对外界影响的耐受力为依据，你可能倾向于一个完全安静没有打扰的房间，或者你可能是"咖啡店效应"的受益者，在适当噪音背景下，更能专注于自己的事情。

二、学习地点

抽点时间考虑一下根据你目前已有的条件，你的学习需求是怎样被满足的。以下列举的适合学习的条件中，你可以根据自己情况选择或忽略其中几个条件。

选择光源较好的地方进行阅读，尽量减轻视疲劳——白天的自然光源和夜间的亮度可调节台灯都是好的选择。

根据个人需求，配备装有适当应用程序的电脑或其他电子设备。

所有学习资料要整齐有序地摆放在触手可及的固定位置。

依据人体工程学设计的学习桌凳，调整至自己最舒适的高度。

安静和不被打扰的环境（尽可能地满足）。

舒适度——这是一个你花很多时间所处的环境，请尽可能创造一个让你感到舒适并可以沉浸学习的空间。

你可能需要购买一些学习资料和高品质的台灯，或者需要对你的整体学习环境进行调整。理想的学习环境就像是一个为学习设置的舞台布景——干扰越少越好。有条理不仅仅是指环境卫生（当然这一点也是重要的），还包括能够给你提供得以安心学习心境的外部环境。有条理的学习环境包括外部空间的干净整洁以及内心的专注。

　　在你准备大显身手把学习资料按条目分门别类之前，请提醒自己尽可能简单些，简单的方法才是最好的。你的笔记本、课本和作业本的排列方式要符合自己大脑的思维习惯——也就是说，要按照自己大脑的逻辑思维方式整理自己的学习资料，这样当你需要任何东西时都可以毫不费力地找到，你就不需要围着一堆资料再重新查找一遍。使用简易的颜色区分法或者传统的环形活页夹，可以满足你不同的分类需求。随身带一个便携式记事本或笔记本，记录每日安排并保证可以随时查阅。这个办法适用于穿梭于不同地点、学习任务繁重并需要对大量学习资料进行打包整理的情况。如果是电子版的学习资料，你需要使用一些小程序或者 App。Evernote（印象笔记，一款笔记应用程序）就是个不错的选择。当然你也可以根据自己的需求在众多程序中选择适合自己的程序。

三、学习时间

提及学习环境时，你首先想到的是理想的学习场所。不过一周或一天当中学习时间的选择也是影响你学习成果的重要因素。正如你希望拥有更大的学习空间一样，你也需要将你的学习时间和对应学习时间内的学习效率最大化。请通过以下问题，检查一下自己是否有一个最理想的学习时间规划：

一天当中什么时候是我的精力和专注力最旺盛的时候？结合自己的学习黄金时间段，我该怎样安排学习呢？

我其他的事情又该怎样安排？除去这些事情我还有哪些时间可以用来学习？我需要进行调整吗？

我一周的学习时长是多少？这个安排合理吗？需要做出改变吗？

在这个安排里，我的睡眠、休闲和其他生活时间规划是否得到了合理安排？

我的安排是否具有灵活性——如果有临时事务需要调整学习时间，我是否留出了调整弥补的空间？

我的注意力最多可以集中多久？我的安排符合我的认知能力吗？

　　如果遇到干扰或突发事件，我该怎么处理？或者说我该怎样坚决执行自己的安排？它对我有用吗？

　　单纯制订一个宏伟的、令人印象深刻的学习计划是很容易的。但你也许并没有意识到在工作日晚上家人们吃完晚饭一起看电影的时候，你却要学习三个小时，那是极不现实的。如果放弃学习而去看电影，你会认为自己是太懒惰了；或者当你拿起手机在 Netflix（中文名为"网飞"，美国流媒体播放平台）上刷视频，将你的宏伟计划抛诸脑后时，你会怀疑自己得了"拖延症"。当然，这里也有自律性和意志力的原因。但是，提前制订一个合情合理的计划，就不必总是考验自己的自律性和意志力了。

四、学习不只是一件事情，更是一种习惯

　　世界上没有一个私人教练敢保证只要一项运动就能让你保持苗条健康，同样，也不会有任何一个营养师可以断言周二下午吃份轻食沙拉就算是健康饮食。同理，学习能力的提高也不是通过做某一件事或者取得某一个成就就能实现。提高学习能力需要持之以恒的练习和长期的成果积累。换句话说，就是要养成习惯。

　　任何行为的改变在开始时都会让你感到不自在，总是要

经过一段时间，习惯才能成自然。万事开头难，其次是坚持。想要把高效学习方法变成你日常生活的一部分，意味着你必须在日常生活中运用这些方法并坚持一段时间，直到你感觉自己会自然而然地去运用而不是回到老路上去，习惯就养成了。

第一个好习惯是制订合理计划。

日程安排是你对自己做出的承诺。你要确立目标，把它们写下来，然后告诉自己："我要做到。"重点是，不要只停留在脑子里——要写出来。纸面上的东西更能给予你坚定性和真实性。

时间是宝贵的，请一定合理使用。如果你不去刻意制订具体的学习计划，你就会觉得自己总是有这样那样的事情要做。你必须始终坚持明确学习计划的原则，不容商量。永远不要在意什么时间错过了什么事情，首先一定要学习如何安排自己的时间。

关于时间安排的方法和技巧有很多，万变不离其宗，简单的就是最好的。如果你计划一周安排 10 小时的学习时间，可以把它们平均一下，再给自己留出一两天的休息时间。要坚持分时段学习而不是一口气不停地学，还要确保最后能安排充足的时间进行消化和总结。

　　定时学习是一个好习惯，能够科学制订学习计划本身也是一个好习惯。每周结束时，留点时间总结一下上周的安排落实情况——哪些没有做到、原因是什么、下周如何改进，并做出下周安排。不要自满——坚持及时反思和总结并不断调整计划。

　　第二个好习惯是列清单。

　　时间分配出来之后，你需要明确每个时间段具体做什么。列清单可以帮你建立时间框架，让你明确每个时间段具体的安排，从而提高做事效率。下面的例子可以告诉你如何安排学习时间。

　　1. 确保学习桌干净整洁，所需学习资料全部到位；

　　2. 学习时，保持手机和其他电子设备处于关闭状态，避免网络干扰；

　　3. 桌前备一杯水或一点零食；

　　4. 确保学习空间安静舒适、光线充足，同时没有能够分散你注意力的东西；

　　5. 根据学习时长定好计时器。

　　学习开始或结束时可以进行一小段冥想或拉伸运动。每次学习开始时先用几分钟对上次学习内容做一下复习回顾，结束时通过思维导图或列提纲的形式总结这节课的收获，同时列出下节课需要解决的问题。

第三个好习惯是控制你的担忧。

担心自己做不好或者考试失败会让你分心。如果你无法控制这些忧虑或是减小它们对你的影响，这些忧虑会伴随着你。新的研究表明，将恐惧和忧虑写成文字有助于缓解压力。你可以通过记"烦恼日记"的形式，把那些烦心事写出来。用日记作为一种暂时逃离忧虑的方式，可以让自己专心学习。

你可以把担忧想象成一个外化的物体，或者通过一个小仪式来暗示自己：我暂时把它们放在一边了，我可以随后再考虑它们。如果对你而言焦虑已经比较严重了，那么最好的办法就是找一个专业顾问来帮助你调整情绪，以便不影响你的学业。

最后一个重要习惯就是规划你的学习。

学习计划是指导你学习的路线图。只是坐在那里，振振有词地阅读学习资料是远远不够的——你要明确自己在做什么，要做多久以及这样做的原因。开始学习时写下几句话，有助你保持专注：

今天学了哪些内容？

哪些内容没有学会？

学的东西有什么用处？（用行为动词来思考：总结、分析、解决和浏览等。）

今天的计划如何融入本周的总计划？今天的学习对整体学习目标有什么影响？

这几个问题不需要花费你太长时间——大概一分钟即可。但是，它的结果却能为你节约大量的时间和精力。

五、制订学习计划

让我们来仔细研究一下何谓计划。古人曰：凡事预则立，不预则废。对于学习而言这句话尤其适用。详细的计划不是坏事——它可以让你的学习事半功倍。好的计划可以帮助你提高学习效率，避免压力。以下是一些制订学习计划的黄金法则：

1. 时刻做好准备；

2. 复习所有内容；

3. 融会贯通；

4. 提前着手。

首先来看做准备。还记得主动听课这个说法吗？准备工作也要积极去做。开始做事之前，先问问自己知道什么，不知道什么。这就好比看地图，只有当你知道自己身处哪里，要去哪里，你才能够规划出路线。黄金法则之一就是永远都要提出自己的观点——不要只是简单地读书。你要形成自己的总结、思维导图、考试、记忆闪卡、提纲和小测试。它们都有双重作用——你做的时候学习一次，用的时候又学习一次。

学习资料归纳整理的方式取决于你学习的主题和自己的习惯。形式上你可以选择总结、提纲、概念图、柱状图、列表格或流程图、清单，也可以收集让你困惑的问题或答案。但要记住一点：你做这些事情的目的不是为做而做，更不是为了表面上好看——而是为了帮助你内化知识，加深理解。请注意，假如你的学习策略不仅没有简化学习材料或阐明学习材料，反而阻碍了你的学习，请抛弃它。

"做准备"这个表述似乎并不恰当，因为这里所做的事情其实正是你学习的主要内容。列出概念清单，从易到难，由浅入深地学习理解。以大的想法为基础，随着学习的深入逐渐细化。这听起来很简单，但为什么需要如此认真呢？这是因为大多数人直到被迫将所学的知识一步一步列出来，他们才发现是高估了自己的理解力。与其考试那天才发现自己的理解十分肤浅，不如尽早发现自己的问题，并深刻剖析解决这些问题。

　　复习是学习的另一关键所在，它也是积极的因素。与其关注自己不会的（和还需要掌握的），不如问问自己学会了什么，学到了多少。你要成为自己的老师。再次强调，你的目标不是获奖或者为自己没做到的事感到难过，而是要知道自己学到了什么程度并且继续下去。

　　学习是一个输入的过程，但复习是输出的过程。使用多种方式解释自己学到的东西（这个方法比你想象的还要有效。），做小测验或模拟考试，给自己打出分数——但不要只关注分数，要关注自己做错的地方，找出原因并解决这些问题。你可以通过找出问题或者通过知识闪卡，或者就是单纯的背诵，巩固尽可能多的知识。你还可以写论文或绘制重要知识图表。以上这些可以和你的朋友一起做，相互测试并打分。

　　正如你所看到的，准备和复习是相互循环的。你想解答一个问题，最终发现这个问题与第五章的某个知识点有关。你计划接下来解决这个问题，随后做了几道测试题来验证自己对这个疑点的掌握情况。从某种意义上说，温故而知新，复习是为了下一阶段的学习。整个过程中，你对知识有了更清晰的理解，但问题依然存在。你继续规划时间解决这些问题，不断调整自己的理解，如此重复。

死记硬背没有用，少量多次才是关键。尽可能把学习任务分散开来，每个学习单元都进行准备和复习。留出时间和空间消化吸收每一章节的新概念。通过反复练习来明确自己掌握了多少，还有哪些问题，这样有利于你节约时间并时刻保持在学习正轨上。持续不断的稳步积累胜过囫囵吞枣的盲目应付。这就是改变事情规则背后的原因。做一点准备，学一点东西，然后复习。不定时重复，变换复习形式，用复习成果影响下一步学习。最后，尽早开始可以让你能够比较从容地完成学习的准备和复习。把学习资料想象成一顿大餐——你一定会想用充足的时间一口接一口慢慢吃，这样才能完全吸收它的营养。

一年的时间可以被分为几个时间段，学习资料也可以被分为多个模块，听起来这似乎是最基本不过了，但其本质却是将整块知识化整为零，集中精力逐一解决，力求达到更好地理解效果，同时为下一步学习奠定基础。你可以根据章节、主题、课时或时间顺序来分解学习材料，任何方式都行。你只需要确保在自己的时间安排表上，每一个时间段都有相应的学习任务，且都安排了充分的准备和复习时间。

每一个知识模块要用多少时间呢？这个不能一概而论。你可以先安排两个小时的学习和半个小时的复习时间，如果你所学的东西包含很多动手操作的任务，或者你觉得难度较大，也可以增加复习时间。

对于文科性质的科目如英语、历史或心理学，整体安排会比较抽象。你需要了解它们的大主题、小话题、文章发展脉络、论点和主旨大意。你还要能够针对它们的内容给出解释、进行对比和评价。对于这些，可以考虑通过构建思维导图和概念图来呈现。图中，大主题体现文章框架，然后用小观点填充各个分支。要确保自己熟悉概念，并且能够从多个角度对学习资料提出自己的看法，进行评价分析。如果你需要形成自己独特的见解，以上这些尤为重要。多尝试写随笔或者回顾以前的试卷，让自己习惯于发现问题并解决问题的模式。

对于技术性较强的内容来说，你应该更专注于过程。通过解决一些问题熟悉解题思路，然后举一反三，运用于其他问题上。做测试题、画柱状图、制作流程图或图表以巩固学到的解题思路。通过测试中的错误学习如何正确解题。

但是，也要注意不要太执着于某一解题思路——请记住方法是死的，人是活的。如果这个思路走不通，就换个思路试试，不断尝试，直到找到适合自己学习风格、研究主题和理解能力的方法。最终你会明白，最好的办法就是随机应变。

六、有利于学习的生活方式

我们现在已经知道了如何划分时间并合理安排任务。简要回顾一下（上一部分我们讲到的内容）：

1. 确定学习内容，创设良好的学习环境；

2. 规划学习时间和时长；

3. 制订学习计划并坚持下去；

4. 制订学习周计划和学习内容；

5. 根据实际情况做学习准备和复习；

6. 提前着手，养成好习惯并定期评价学习成果，及时调整。

现在，我们来讨论一下你学习之外的时间。仔细想想，你也会发现这是显而易见的事：学习之外的事情对你的学习有着重要的影响。例如：整晚参加派对，第二天酒醉不醒，那无论你准备得多么充分或做了任何计划都无足轻重了，因为你什么都做不了！

作为一名学生，你当然最关注自己的认知能力。认知能力是你思维能力、记忆能力、智力、敬业心和习惯的体现。然而，不论这一切多么抽象，最终都是要通过大脑这个器官来体现。它跟胳膊或腿一样，是人体的一部分。如果你的身体过度疲劳、不健康、压力大或生病了，再多的意志力和美好意愿也无济于事。

因此，我们这里讲的内容与形成良好学习习惯及技能有关，但首先要有良好的生活习惯，只有在体魄健康的前提之下，我们才有可能把学习这件事做好。以下这些建议听起来虽然都是最浅显易懂的，但你知道吗，真正能够做到的人却少之又少。你要知道做好这些并不像看上去那么容易。

到底什么是"健康的生活方式"呢？

健康生活方式不单单是指预防疾病或是避免对我们有害的事情，它对我们生活的整体幸福感也有积极的影响。这个幸福涵盖了身体健康、正常的社交、拥有个人爱好、工作与生活的平衡、睡眠充足、坚持锻炼和我们更大的目标感和生活中的联结。宿醉虽然影响学习，但其后果还远不及抑郁症或是令你昏昏欲睡的过度节食那么糟糕。

1. 重视休息

千万别以为工作和休息是对立的。休息时，你的身体会自我恢复，大脑会理解巩固学到的东西——这不是浪费时间。休息并不是什么都不做，它是生活不可或缺的一部分——我们消耗了能量后，身体需要时间恢复。健身时，如果你不断地给自己施压锻炼却从不休息，最终结果往往就是伤病，更不用说身体机能下降了。学习也是如此。已经非常疲劳却还要坚持学习并不能让你成为一个伟大的天才，这只能说明你学习效率低，学习过程中问题太多。

高质量的休息意味着你的大脑有时间保持安静。关掉电子设备放松一下。长距离散步放松肌肉，泡澡或享受一下与朋友的聚餐。该睡觉时却还在看电视，这绝不是高质量的休息。花几个小时打游戏或者无所事事地上网也并非休息。

要保持"睡眠卫生"：每天按时作息；营造昏暗、舒适、安静的卧室环境；一张好的床垫和透气的床品；睡前半小时禁止把电子设备带进卧室。

2. 健康饮食为大脑提供能量

一个人要彻底提高自己的智商是不可能的，但人的认知能力会受到许多因素的影响。其中最大的影响因素之一就是营养摄入。你如果饿了、吃撑了，或者以垃圾食品、酒精和咖啡为主要食物，那你很难集中注意力。毫不夸张地说，维生素缺乏和慢性脱水都有可能决定着你是勉强通过考试还是能一直保持 B+ 的学习水平。

不要认为大脑的工作是理所应当！它为你努力工作，你只要稍加关心和重视，它就能为你工作很久。

避免极端——禁食和暴饮暴食会严重破坏你的血糖水

平，会影响你的能量供给和做事的动力。同时，你还要避免糖分的大量摄入。摄入过量的糖会让你头脑不清，昏昏欲睡（更不要说去做事了）。

每餐粗粮、脂肪和蛋白质的摄入要均衡。低碳水化合物不利于大脑工作——你的大脑更喜欢葡萄糖！

日常饮食中多摄入水果和蔬菜。

保持水分的摄入。

咖啡因只是在一定程度上可以提高大脑认知水平和专注力，请注意应适度摄入，并且避免午餐后摄入咖啡因。

不言而喻，酒精摄入也要适中。过量摄入酒精会损害人体免疫系统，影响人的积极性和记忆力。饮酒还会影响你的学习投入度。

服用含有维生素 B 和维生素 D 的复合维生素片。缺乏任何一种维生素都会严重影响你的专注力。某些补品（比如人参或南非醉茄）可能有用，但未必适用于你。

3. 要能够调节压力

情绪和精神状态是健康的基础组成部分。压力、焦虑或抑郁对于高效学习都是最大的障碍。生活中不可避免会遇到家庭问题、人际关系问题、经济问题或者是学习上的困难，我们有责任尽自己最大努力维持自己的健康和幸福。

　　这意味着我们坦诚面对困难并能够及时求助。当我们意识到自己的精神处于亚健康状态或者身体已经达到某种极限时，请一定要记得关爱自己，鼓起勇气寻求缓解的办法。

　　然而这并不意味着只有当达到忍耐极限时才要采取措施——事实上，恰恰相反，良好的精神状态需要定期释放压力，出现问题应及时解决，尽量不要任它发展。如果读到了这本书，你一定已经明白了积极拥抱未来的价值，也清楚针对自己的盲点或弱点应该做些什么。

　　追逐学习目标的道路上是否遇到了各种困难，如人际关系问题、不良习惯、家庭问题、心理创伤或自我否定问题，它们对你的影响有多大？请毫不犹豫地找到办法去解决它们，让自己强大起来。

七、几个科学的学习方法

1. 整理书桌

　　普林斯顿神经科学研究所的研究证实：整洁的书桌是条理思维的体现。心理学研究者萨宾·卡斯特纳发现：与通常人们认为的"疯子教授"在杂乱的空间中被激发出灵感这样的刻板印象相反，室内整洁条理，没有多余材料干扰，此时头脑才能更高效地运转。

这里的核心问题其实是注意力分散。通过对一些完成单一任务的研究对象进行核磁共振检查后发现，神经活动并不是由大脑"看到的"东西控制的，而是由大脑"想看到的"东西控制的。而要过滤掉不相关的信息就需要大脑额外的活动。整理书桌，清理掉分散你注意力的物体，可以帮助大脑减少负面刺激，更加专注于要做的事情。秘诀是什么呢？书桌上只保留你当下需要的东西，其他无关物品一律清理掉。

2. 深呼吸

三一学院神经科学研究所的一项研究发现，深呼吸可以调节身体神经递质去甲肾上腺素的产生。调节去甲肾上腺素水平能让你感到更镇静和更专注。以下步骤仅是建议不必完全照搬：准备学习之前先停一下，闭上眼睛，用鼻子缓慢地吸气四秒钟，停两秒，然后呼气。重复以上动作，你会感受到有多么不同。

3. 离开你的床

如果睡觉和学习在同一个房间，很明显你会对此产生一些不积极的联想，这对你的学习和睡眠都有影响。哈佛大学睡眠医学部建议学习地点要固定并且要易于调动积极情绪——请离开你的床。

4. 保持适宜的室温

康奈尔大学的塞帕宁等人在 2006 年的一项研究中发现，最适宜学习和工作的室温范围在 22~25℃左右。请关注自己所处环境温度的变化并适时做出调整。

 本章要点：

- 有效学习的关键是高效管理时间以及充分利用学习资源，同时还要确保自己心里有成功的目标，并且为其创设适宜的学习环境。舒适、安静、不被打扰，这就是理想的学习环境。

- 根据自己的学习节奏和偏好，规划每周和每天的学习时间。学习要分时段进行，每段时长不宜过长。学习应安排在自己精力充沛和专注力好的时段，并在每周计划表上划出这些时间段。

- 学习好是长期积累的结果，并不是一朝一夕的事情。请认真为自己设计一个适合自己的学习计划。首先要列出学习清单，并且坚持下去。

- 确保你能够调节压力和焦虑。你可以冥想、写日记或专门留出时间调整自己的状态，不要让这些负面情绪影响你的学习。

- 制订学习计划时，需要注意两个要素：准备和复习。它们之间可以循环反复。准备阶段，你要整理一些独特的笔记、做总结、制作概念图以及列出对于新知识存在的困惑。复习阶段，你可以通过自我检测或复习例题来巩固学过的东西。根据学习主题的不同和掌握程度来确定学习时长。

- 学习过程中准备和复习两个环节可以交替循环，也可以结合其他多种学习方法共同使用。使用得越早，你就能越快地了解到自己掌握和没有掌握的部分，并进行调整。

- 有利于学习的生活方式是健康的。充足睡眠、健康饮食、积极调控自身压力，还要确保自己有足够的休息时间来消化吸收学到的东西。

- 几个有助于提高学习效率的科学方法：深呼吸、整理书桌、保持适宜的室温以及学习时远离你的床。

第四章 >>>

记 忆 方 法

通过前面的学习，我们已经让自己的学习变得井然有序，制订了行之有效的学习计划。我们也明白了整理书桌有助于大脑思路清晰。万事俱备，现在就开始学习吧。

这一章，我们将重点讨论准备考试时最需要的一项认知技能：记忆力。很遗憾，我们中极少有人具有不费力就能轻松记东西的能力，然而，几乎我们每个人都能学会如何充分利用大脑的天然能力来不断提高自己的记忆力——并非死记硬背的能力。关键是要明白大脑本身是如何处理和储存信息的，然后去顺应大脑这种工作方式而不是违背这种方式。

一、图像记忆法

一图胜千言。明尼苏达大学管理信息系统研究中心的研究发现：我们处理可视化数据的速度比处理文字的速度快六万倍。而且，我们处理的数据中90%是可视化数据。显然，我们的大脑更倾向于图像语言。你可以利用这一特点，将需要记忆的信息转化为更容易获取、处理、记忆和应用（即学习）的可视化数据。

例如历史考试中一些复杂的政治事件该如何记忆呢？时间点及其对应的事件很难被记住，请尝试以下方法，将相关信息可视化：画一幅与某些重大事件相关的漫画（越有趣越离奇越好），将这些事件按照时间顺序排列。这样，你的脑海中生动的画面就出现了，你就能很容易地回忆起事件的发生顺序。

我们的理念就是把枯燥的信息转化为相对容易记忆的形式。现在，闭上眼睛，看一看你能否回想起房间里或者书桌上各种物品的摆放位置。非常有可能的是即使你没有刻意记过，你也能毫不费力地说出它们的位置。下一次你需要记忆十件系列物品时，请这样试一试：把这十件物品分别与你房间里的某件物品对应起来，并给它们建立一个明显的关联。

例如，你需要记住光合链的步骤，将每一过程和家中的一个房间关联起来，然后绘制一个传递路线图，这样你就能记住具体的传递顺序了。光反应发生在光线充足的日光房，而暗反应发生在光线较暗的卧室。把叶绿体的颗粒想象成你的书架，而你床头柜上的物品就是不同的分子或反应。诸如此类。

然而，现实中的情况中也不必像上面的例子一样复杂。你只要确保把自己接触到的文字信息（从认知角度讲相对比较难理解的信息）转化为图片、想法、图表、色彩或真实世界里的实物就行。毕竟，人类大脑更容易接收这些形式的数据。

你创建的图像越有意义、越夸张、越有趣，就越容易被大脑记住。记忆列表时可以使用首字母拼词法组成一些词语，然后在脑海中形成相应的图像，这样可以记得更快更准。为了记忆指南针上四个方向的位置，我们可以记住"不要（never）吃（eat）蚕（silkworms）"这句话。因为这句话中的单词代表了顺时针方向指南针上的北（north）、东（east）、南（south）和西（west）的顺序。你还可以再丰富一下自己的想象力：世界地图上有一只小虫子（worm），朝西边（west）有大苹果之称的纽约市咬了一口。如果你总是把"发音（pronunciation）"这个单词拼错，你可以想象一个严厉、愤怒的修女（nun）正在提醒你发音中间出现了一个关键错误。如果你正在学习书写阿拉伯文，但却不记得字母之间的联系，你可以试着把每个字母想象成不同姿势的人，与其他字母有关联的地方想象成"手"。它们之间有关联的，就会把"手"牵在一起，没关联就不会"牵手"，这样你的脑海中就出现形象的画面了（意义就非常明确了）。

二、关联助记和首字母记忆法

记一个字要比记五个字容易得多。因此，如果你可以把五个字合而为一，相当于把记忆效率提高了五倍。经典的例子就是记忆 BODMAS，这个字母组合是为了帮助你记忆数学运算的顺序——B（brackets）代表括号，O（orders 和 powers）代表阶和幂，D（division）代表除法，等等。这样，你就只需要记住这六个字母的组合，而不是六个词以及它们的顺序。

关联助记是指运用有关联的词或句子来记忆较复杂的规则。例如：

美式（America）英语中灰色拼为 gray，而英式（England）英语中灰色拼为 grey。

ROYGBIV（Red 赤 Orange 橙 Yellow 黄 Green 绿 Blue 蓝 Indigo 靛 Violet 紫）这个字母组合可以帮助你记住彩虹的颜色顺序。你可以画一个绚丽的彩虹色的吉祥物，它的名字叫作 Roy G. Biv（这个字母组合类似于一个人名，方便记忆）。

关联助记法也可以借助身体来完成——用你的指关节记忆大小月或者借助"右手定则"记忆物理知识，例如：受力方向、磁场方向和电流方向。

说到这里，如果你不记得"current（电流）"和"currant（葡萄干）"的区别，你可以记住："currant"里面的"ant"就是在葡萄干（currant）面包里偷吃东西的小蚂蚁（ant）。

尾韵法和头韵法也很有用——如果你在家里自己做点工匠活儿，拧螺丝的时候你可以记住下面这句话"righty（右）tighty（紧）lefty（左）loosey（松）"（英文中这四个单词最后的字母发音是一样的，押了尾韵）。

为了快速记忆音乐中的声调符号，你可以记住"每个（Every）好（Good）孩子（Boy）都做（Does）得很棒（Fine）"来对应 E、G、B、D、F 调。

为了记住"their（他们的/她们的/它们的）"和"there（那里）"的区别，书写"their（他们的/她们的/它们的）"中的字母"i"时把它写得像个人形，而写"there（那里）"中的"r"时，把它写得像一个指向远方的路标。

你要记住，千万不要为使用而使用。你会发现想要回想起一些奇怪的、毫无意义的句子是非常困难的——如果你记不起它们，相应地它们所代表的知识内容也会被完全忘记，这会让你十分被动。所以，使用关联助记和首字母记忆法的关键是一定要将创设的事物与实际生活紧密关联。让创设的事物体现你的个人色彩（与个人生活中的人或事相关）；赋予它们情绪（例如：建立类似于爱与恨这样的强烈情感，或者添加一些让你印象深刻的脏话或喜剧元素）；还可以借鉴一些对你来说很有意义的生动形象。

给关联助记添加"小提示"是个不错的做法。当你需要从记忆当中提取出相应的知识点时，小提示能够帮助你快速找到这些知识点。它的功能有点像标签或者文件名，帮助我们给记忆的内容加标注。例如：如果你想记住圆周率 π（pi）的数值，你可以记住这句话："May I have a pillow？（我可以要一个枕头吗？）"——这句话里每个单词的字母个数能够提示你 π 值为 3.1415，并且单词"pillow"里还有 π 的英文单词 pi，这就是那个"小提示"。上面这句话就要比随便一句奇奇怪怪的"for I know a sailor（因为我认识一个水手）"有着更强的联想意义和提示意义。后面这句话里没有 pi 这个单词，要记住这样一句奇怪的句子比记住那五个数字还要困难！

记忆圆周率的时候，脑子里要出现圆周率到底是什么的具体形象——它是指圆的周长除以直径。如果你能做到用圆的直径长度在圆周上完全覆盖的话，你会发现圆的周长大概是直径的三倍多一点。这就意味着，如果你的得到的圆周率接近 3.6，那一定是出问题了。

三、故事记忆法

你可能已经注意到了，视觉化和关联助记之间有些重合之处——这很好！如果你可以创建出一个语言关联，而它包含了视觉和身体元素，能够押韵，幽默，能够凸显个人色彩，能调动人的五官，这样的话，本质上说你是为大脑里的信息赋予了更加丰富、立体的意义。这样一来，这些信息也就不难记忆了。

人类大脑的功能就是在视觉化的世界中，将形色各异的元素整合成一个有意义的逻辑整体。换句话说，我们的大脑就是为讲故事而生的，并不是如同机器一般处理着毫不相关的信息。把想记住的一切转化成有意义的故事，你的生活会轻松许多。我们在前两个方法中已经做了一点这样的事情——大脑似乎非常喜欢编写故事，即使你没有刻意而为。

假设你准备学习化学，需要记忆很多方程式和知识点，你可以把化学方程式左边的化学元素想象成派对上的人，方程式右边是派对结束后他们的样子。化学反应的结果可能会是一个丑闻——碳、氢和氧结合形成了一个三角恋（最终，它们是甜蜜的——它们合成葡萄糖后一起离开了）；水受热变成水蒸气蒸发（走）了；介绍大家互相认识的可怜的催化剂在反应结束后没有任何变化，不过是催化剂成功组织了这些派对并为此买了单。

关键是要讲一些你真正想记住的故事。要记住有趣的秘密、滑稽的事情和恐怖的情节并不费力，所以，故事里一定要融入情感，有戏剧性、关联性和意外惊喜，等等。大脑对这样的内容更感兴趣。

可能你需要记忆人脑的结构。联想起你的好朋友莎拉·比林汉姆，她能帮你记起人脑最后区域是小脑这一知识点。这就是你记忆人脑区域划分的方法，因为她的脑袋后面扎了一个低马尾（这能令你想到小脑的区域），而且她是教小朋友的幼儿园老师。

你给自己讲的故事是关于她每天都会做的三件事。每天早上起床后，她都要去健身房锻炼身体（小脑负责保持肌肉张力）；然后她去学校教机械操作（想象她教孩子们开车）；最后她会教孩子们如何协调口头表达和肢体语言（她总是告诉孩子们要站直并保持安静）。有了这个简单且便于记忆的故事，你就可以确定人脑各个分区的名称、位置和功能，同时你还设置了足够的"小提示"以备日后回顾方便。

编故事不仅仅可以整合程序性或时间性明显的信息（事情发生的先后关系），它也有利于我们捕捉人物关系、事情动机、事物联系和因果关系。如果某些内容看起来枯燥乏味，那就把它们编成角色，然后编成一个愚蠢的故事，或者把它们融入一个已经存在的你一直记得的故事当中。你肯定不是第一个想通过《权力的游戏》中敌对家族战争来记忆二战那段枯燥历史的人。

四、变换学习地点记忆法

的确，我们确实强调过要选择一个合适的工作/学习场所和一张整洁的学习桌。诚然，养成定时学习的习惯和拥有适宜的学习空间是非常重要的。然而，根据实际情况适当地变换学习地点也有一定的好处，如同创设丰富多样的刺激物来加深记忆一样——更多的关联会促进更多的记忆。

事物之间创设的关联越多，越有利于记忆。你也许曾有过以下的经历：当回忆某件事情时，会不自然地回想起那件事发生的时间和地点。或者当你去到某个地方时，会突然想起许多事情，而这些回忆却仅仅是因为你身处的地点引起的。

我们身处之地更像是一个精神上的"脚手架"，以这个地点为基础，我们建立和巩固了许多联系。学习时，你沉浸其中，附近有鸟儿在唱歌，你知道那是一天中的什么时候，同时你知道自己穿着什么衣服。第二天参加考试，闭上眼睛回想起昨天的鸟鸣，还有彼时你所有的感受，你的大脑当中也一定会浮现出当时学到的知识。

在学习计划中体现这一理念，试着变换一下学习地点。学一个新的章节时，换一个房间。这种变化要能够调动你所有的感官——不同的物体、声音、纹理、气味、时间和情绪，等等。身处不同房间学习不同内容，你一定能感受到这其中的联系既清晰又有意义。

或者，你也可以在不同的地点学习同样的内容。如果你把关联助记、图像记忆法和讲故事记忆法这三个方法与自己所处的地点或心理状态相联系，它们会产生更大的能量。你可以把学习准备阶段、复习和例题回顾阶段、自我检测阶段分别放在三个不同的房间进行。你也可以去图书馆或者咖啡店尝试一下——如果你适合在安静的环境中学习就选择图书馆；如果你喜欢在低噪声环境中学习可以选择去咖啡店。

如果你没有更换房间的条件，也请试一下能够加深联系的微型"场景改变"。例如：换个座椅、背诵时来回踱步、阅读时吃一点零食或者播放轻音乐当作背景音。或者，至少你可以改变一下学习姿势、变换一下手里的文具、掉转一下你的朝向或者调整一下学习方式。例如：如果做了半个小时书面练习，注意力开始下降，那就停下来，打开音乐或者电视调剂一下，让自己保持学习动力。

五、劳逸结合促进记忆法

一个黄金法则是："及时调整。"人类大脑在接收和记忆方面的能力真的令人惊讶。但是，大脑的潜力也不是无限的——某些时候，它也需要休息和恢复。我们很明白，休息是不可忽视的。休息不是大脑功能的彻底停滞，而是让大脑巩固和处理所学信息，并为后续学习积累能量和认知资源。忽略休息会严重损害你的记忆力，降低学习效率。

你可能不知道，学习之后马上休息能够提高你对所学知识的记忆效率。2006年由盖斯等人进行的一项研究表明：与那些没有睡一会儿的学生相比，背诵单词后马上睡一会儿的学生能够记住更多的单词。

睡眠不足必然会影响人类大脑建立和巩固新的神经连接

的能力，经过一段辛苦的学习之后停下来小憩确实能够帮助大脑"储存"学到的东西。如果可以的话，晚上睡前的几个小时安排一段时间学习——你有几小时的自由时间，很显然，也不是必须要求你在忙碌一整天之后继续学习，但把一些比较难的东西放在睡前学习是真的很有效。睡觉的时候，不仅为大脑提供了整理和巩固新学东西的时间，同时你得到了充分的休息，能够精神百倍地面对下一步的学习。

每次结束一段学习时要记得立刻进行总结和复习（这是必须要做的），第二天早上醒来后马上再复习一遍。你会发现，经过一晚安睡，你对学过的知识掌握得一清二楚。另外，你可以尝试在睡前把一个非常有难度的知识整个过一遍，然后带着对它的记忆去睡觉。看看第二天醒来时是不是对昨晚学习的知识有了更深的理解。

詹姆斯·T. 海恩斯四世做了一个类似的研究，他让参与者安心学习之前先在跑步机上走 15 分钟。结果发现：在跑步机上走过的人背诵单词的效率高于学习前没有走过的参与者的效率。你可以在白天散步或者做某种形式的锻炼。同样，你也可以吃过晚饭后去散步，然后坐下来学习一阵子，几小时后睡觉。运动与学习之间的安排是一个优化选择的问题。

休息不一定指的是睡觉。当你的大脑因为学习太久而疲倦时，做另一件事情也是一种休息——例如，做一些体力劳动。你也可以通过认真打扫厨房或者专注于一些 DIY 项目来放松——这样刚才负责思考的那部分大脑能够有机会彻底休息和恢复。

无论如何，如果你发现自己学习过程中确实十分疲劳或瞌睡，明智的做法就是停下来去休息。静坐、散步、做拉伸运动促进血液循环、吃点健康零食或喝一杯水，或者其他一些不需要耗费脑力的活动都可以。休息过后，回到学习状态看一下自己是否还是无法集中注意力。如果是的话，你就要考虑应不应该把这段时间的学习调整到精力充沛的时段，或者看一下你是否得到了足够的睡眠。

六、分类归纳整理记忆法

这个方法简单却很有效，而且你可能已经不知不觉中使用过它了。它的理论依据也很简单：每次少记一点会记得更快。所以，假如你有很多内容要记，那就把它分成若干个小部分，然后逐个记忆。知识分类归纳，顾名思义就是把信息根据特点进行分类成组。分类便于记忆。如果你要记住自己的购物清单，可以把所有需要购买的物品按特点分类：三样做沙拉要用的东西、四样以 P 打头的东西和两个粉色的东西。这样是不是就会好记得多呢？九种物品根据特点分成三类，简洁明了。

第二个例子：结合学习资料的特点，根据某些更大的总体原则，把其中的人物、事件和概念进行分类。然后，你要做的就是记住分类依据，这样自然也就容易记住每个类别之下的具体内容了。如果你的分类依据是某种常识性的原则，那就更便于记忆了。你可以根据原子序数和其他标准如颜色对化学元素周期表进行分类；根据历史上不同君主或统治者不同的统治风格对他们进行分类汇总；你还可以纯粹根据随意的某个共性，比如你的个人喜好，将一些完全随机的物品进行分类。

我们大多数人能够正常记忆的事物的数量通常是相对固定的——你可以测试一下自己一次能够记住多少个随机数字。1956 年，哈佛大学教授乔治·米勒发表了一篇题为《神奇的数字七，正负误差二——大脑处理信息的极限》的论文。他发现，人类在工作中一次大约可以记住七条信息。然而，这七条信息可以被分类为更多的信息，这样就能有效地扩展人类与生俱来的极限。

例如，电话号码（719）455-2000 共有十位数字。但如果人们已知区号代码（也许恰好与自己的区号代码相同），并且把最后四位数字看作一个整体（数字 2000），这样的话，他们只需要记忆五个信息，而不是十个，他们就能轻松记住这个号码。

请注意一点，分类归纳整理不是对事物进行简单的分门别类。人类大脑能够对图片、意义、联系和叙述进行加工理解，所以你进行分类归纳的依据一定要有意义。只有这样，你才能真正做到将繁复的学习任务简单化，而不是又给自己增添记忆负担。

某种程度上说，分类归纳有点像概念上的关联助记法——关联助记和首字母记忆法中，每一个字母代表一个更长的单词。同理，当你对某一知识进行分类归纳时，每一个小分类就是更简短的却代表更多更复杂信息的符号。你只需要记住这些简化的提示符号，它们能让你按图索骥，轻松记住更多内容。

七、定期复习记忆法

这个方法专门对付遗忘，它让你感觉自己很擅长记忆！定期复习——也被称之为间隔回顾——名实相符。请一定确保给自己留出足够的时间去做这件重要的事情——复习。熟能生巧，记忆也需要反复巩固。越是反复回想曾经的记忆，就越容易找回曾经的记忆，就是如此简单！

定期复习在提升记忆效率方面非常重要，这是因为它能直接对抗遗忘，并且不会给你造成负担。其他那些重要的方法都与增加头脑中知识的分类和储存有关——请记住，记忆的三个流程是分类、储存和回顾。定期复习是为最后一个流程添砖加瓦。

为了提高记忆效率，你可以在较长一段时间内将学习某一知识间隔开来。换句话说，坚持每天学习1小时要远比一周学20小时有效。这适用于你所有的学习。另一个研究也表明：一天内看20次远不如七天内看10次效果好。

如果把大脑想象成一块肌肉，你就会更加理解定期复习的意义了。人的肌肉不可能一直运动而不需要休息和恢复。大脑也需要停止吸收新东西，把接收到的概念整理归纳，形成肌肉记忆，转化成熟悉的知识。有证据表明：睡眠过程中，神经之间能够建立联系，这个过程不仅是精神层面的，从肌体上说，大脑中会形成突触连接，树突也会受到刺激。

与学习相同，如果一名运动员一个时间段内运动过量，可能会发生以下两种情况：他可能太疲惫以至于后半段练习毫无价值，也可能直接受伤。学习过程也需要休息和恢复，过度努力并不可取。

下面我们来看一个定期复习的规划。

周一早上 10:00：学习一些关于西班牙历史的基础史实，写下 5 页笔记。

周一晚上 8:00：复习西班牙历史的笔记，要主动地复习。尝试从自己的记忆中回顾知识点。这个过程大概需要 20 分钟，回忆要比重读一遍或重看一遍有效得多。

周二早上 10:00：尝试在不看笔记的情况下回顾知识。第一遍尝试尽可能多地回忆之后，对照笔记检查一下自己有没有漏掉的地方，并记下你需要密切关注的内容，这个过程大概需要 15 分钟。

周二晚上 8:00：花 10 分钟复习笔记。

周三下午 4:00：再次独立回顾所有笔记内容，结束后再次查看自己有没有漏掉的内容。这个过程需要 10 分钟。要确保不漏掉任何步骤。

周四下午 6:00：花 10 分钟复习笔记。

周五早上 10:00：花 10 分钟回顾所有知识点。

仔细看这个复习规划表，注意：这一周你只用了额外的 75 分钟就把整课内容复习了 6 遍。不仅如此，这个计划里大部分时间都是在积极主动回顾所学知识，而不是被动地回看笔记。

你已经为下周一的考试做好了准备。事实上，这个周五你就已经准备好了。间隔回顾使大脑有时间吸收和处理信息，并且也因为不断的重复，间隔复习之间形成了自己的关联与飞跃。

反复接触一个概念时你会怎样？头两次看的时候，你可能不会有什么新发现。随着接触次数的增多，你对它的理解不会只停留在表面，而是会有更深层的思考，对与之相关的知识会有更多的认识。你能够将它与其他知识建立联系，并形成更深层次的理解。

当然，这一切都是为了让你脑海中的信息从短期记忆提升为长期记忆。所以，死记硬背和临时抱佛脚并不是有效的学习方法。由于许多方法都缺乏足够的重复和深度分析，所以都无法实现学习内容的长期记忆。这种只能实现短期记忆的方法都属于死记硬背，并不是我们之前讨论的理解性学习，它们注定不会存在太久。

计划学习某个知识时，不要计算你在学习这个知识点上花了多长时间，而要计算第一次学习之后，你重复这个知识点的次数。你的目标是增加复习的频率，而不是时长。诚然，这两者都很重要。但是，关于定期复习或间隔回顾的各种文字资料都表明，留给大脑休整时间是很必要的。

的确，这种学习方式比通常我们所用的学习方法更花费时间，并且也需要我们提前做好计划。但是，即使你时间不够，我们仍然可以通过一些策略来运用这个方法。

如果只是因为某个小测试或者考试而死记硬背，这些考点没必要被形成长期记忆。它只需要维持得比工作记忆（一种较短时间范围内的记忆形式）稍长一点，其中一部分形成长期记忆即可。第二天也不需要去回顾它们，只要能够在大脑中停留几个小时就行。

如果你是在最后关头死记硬背一些东西，你可能也无法做到间隔回顾。但是这里依然有一些小妙招来尽量帮助你多记一些。假设你要复习某一科目，避免一个晚上复习三个小时，你可以一天内分三次，每次花一个小时复习，两次之间间隔几个小时。

请再次确认，记忆在大脑里形成和巩固是需要时间的。你要尽量按照间隔回顾的要求去做。为了最大化利用你有限的时间，你可以一起床就开始学习，然后中午 12:00、下午 4:00和晚上 9:00 各复习一次。诀窍是一整天都要复习，尽可能多地重复。一定要记得，重要的是复习频率，而不是时长。

　　复习的过程中，你可以打乱笔记顺序，让大脑在不同的运作形式下去记忆和巩固。用主动回顾代替被动阅读。不要害怕穿插不相关的资料，要会获得交叉实践带来的好处。复习时要把注意力放在那些对复习内容有总结和归纳性质的重要概念上，这样你就可以在遇到记不清楚的知识点时做出有根据的判断。

　　即使是在考试前最后一刻，都要背诵记忆一些新的知识。在你状态最好时大脑的短期记忆可以记住七件事，所以你最好充分利用这一点去记忆一些很难记住的东西。这就像是在玩杂耍，你有可能会搞得一团糟，什么都没记住；但也有可能兼顾得很好，恰好记住了几个有用的东西。因此，一定要主动运用各种记忆形式。

　　正如你所看到的，间隔回顾从不同的角度切入学习——通过练习恢复和争取频率而不是拉长学习时间来提高记忆效率。即使是在没有充足时间的情况下，你依然可以使用这个方法来应付那些考察死记硬背的考试并在大脑里留下更多知识——还是强调重复的频率，而不是时长。当你把学习和复习分散安排在一段较长时间内，并且经常重温学习材料时，你会收到更好的学习成果。

八、测试和回顾训练记忆法

最后这个方法利用了记忆不稳定性的特点，它就是回顾训练。

通常，我们认为学习就是吸收知识，东西是进入我们大脑：老师或者课本给我们知识点、数据、方程式和文字，我们只需坐在那里接收就行，这就只是堆积，学习是被动的行为。

这种被动的学习过程会导致我们记忆不扎实，因为，即使我们暂时学会了它，也不会应用。为了达到最好的学习效果，我们必须让学习成为一个主动的过程。

这样，回顾训练就应运而生了。应用实践不是往大脑里塞更多的东西，而是把大脑里的知识调取出来投入实践。这个看似在思维上很小的改变却极大地提高了我们获取和记忆信息的可能性。每个人从童年时期就接触过闪卡，这种卡片正面印有数学公式、文字、科学术语或图片，背面会给出对应的"答案"——解题思路、定义、解释或学生可能给出的任何回答。

闪卡的想法就源自于回顾训练，这个方法由来已久且并不复杂：当你看到卡片正面的图像或描述时，能够想到卡片背面学过的信息。

回顾训练对于延长知识记忆有最好的效果。然而，即使它的核心本质很简单，在实际中运用回顾训练却并不像使用闪卡和背诵笔记这种被动学习方式那样简单。事实上，回顾训练是一种积极的记忆方式：通过真正的努力、思考和处理，最终达到不依赖任何提示就能回想起所有知识——这也是我们在这本书当中讨论最多的东西：提升学习效率。

普贾·阿加瓦尔对一群学习中学社会研究课的学生进行了长达一年半的研究（结束于 2011 年）。该研究旨在弄清楚这些大量的定期测验——大体上相当于回顾训练——对学生们的学习和记忆能力有哪些益处。

这个研究中，老师们并没有改变以往的教学计划，也像往常一样对学生们进行指导。学生们定期接受有关上课学习内容的测验——测验由研究团队开发，且这一测验结果不影响学生们的最终成绩。

研究团队开发的测试题中只涉及老师所讲内容的三分之一，并且测验过程中，老师们不能在现场。这样做的目的是为了不让老师们知道测试题目涵盖了哪些内容。日常授课中，老师也如同往常一样讲课和复习，他们并不知道哪部分内容会被测试。

期末考试后研究结果被呈现出来，其结果非常惊人。测验中涉及的内容（占整个课程所讲内容的三分之一）的得分比测验中未被问及的问题得分高出整整一个级别。这就证明了仅仅通过偶尔测试，并且测试结果并不会影响整体成绩的这种方式有助于学生更好地学习。

阿加瓦尔的研究也对哪些问题最有利于提高学生成绩提出了自己的看法。那些要求学生从一开始就要思考回顾所学知识的习题要比选择题（选择题可以从选项陈述中找寻答案依据）更能让学生们学到东西。在没有语言和文字提示情况下，主动回顾训练提高了学生们学习和记忆的能力。

将回顾训练应用于生活

回顾训练的主要好处在于鼓励学生主动思考、吸收和理解，而不是让学生被动接受。当我们学到某个知识后，会通过其他方式来进行强化巩固，这要比重看一遍笔记或者再读一遍课文更有效果。

我们调取储存在记忆中的知识时，知识就被激活了。回顾训练就是激活知识的过程，而且它会让学习或理解新知识变得更容易。把大脑中的知识调取出来运用比不断地向大脑灌输东西更有意义。真正的学习来源于不断吸收知识，然后不断运用所学。

　　这一部分的开头我们讲到过闪卡的使用，它是回顾训练的一种衍生物。闪卡本身并不是一种策略：你可以使用闪卡，但你并没有在进行真正的回顾训练。

　　许多同学使用闪卡时存在消极应付的现象：他们看到提问，脑子里出现一个答案，自认为会了，然后随手翻到背面看答案，接着继续下一张卡片。然而，正确的回顾训练应该是要花一点时间的，你需要根据卡片正面的问题思考得出答案，最好口头说出来，然后再翻到卡片背面验证你的回答是否正确。这两种方式的差别看起来微乎其微，但却十分重要。一张一张认真对待闪卡上的问题，真正思考回顾并通过语言表达出来，这才是使用闪卡真正的目的和意义。

　　实际学习当中，通常没有老师，没有提前做好的闪卡或其他协助方式的情况下，我们又该如何进行回顾训练呢？一个最好的办法就是将闪卡的用法推广至其他学习方式，增加其互动性。

　　对于小学生而言，闪卡绝大部分情况是非常单一的。作家蕾切尔·阿尔拉格纳曾经建议：你可以调整闪卡的使用方式以适应现实更复杂的学习要求，或者通过采用一种新思路来学习卡片背面内容，以提升自学能力。

　　为学业或工作学习时，你可以制作正面是知识点背面是相应解释的闪卡，然后再制作一套卡片，写上将这些知识点创造性地运用于现实生活的方法。我们来举例说明：

"用直白的语言重新解释这个知识点。"

"通过一个电影或小说情节来解释这个知识点。"

"用这个知识点描述一件真实生活中的事情。"

"给这个知识点做一个反面的定义。"

"依据这个知识点画一幅画。"

从以上的例子我们可以看出，进行回顾训练的方式是多种多样的。通过这些练习我们可以从学到的知识点中提炼更多的信息，然后把这些信息放在创新性的语境当中加以运用。久而久之，当你在实际生活中遇到类似问题时，这些信息的作用就会显现出来。人类的记忆具有不稳定性，它们喜欢刻意地跟我们玩一些小把戏，但这一点也可以为我所用，通过间隔性的复习回顾，帮助我们快速学习。

💡 本章要点：

● 知道如何最大化地激发记忆潜能，这对你学习知识和应对考试都是极其重要的。人类大脑存在天然的局限性，但假如你明白如何扬长避短，你就可以在学习中取得更为理想的成绩。

- 你可以尝试将要记忆的信息转化为生动的图像或非文字性的数据，这样更容易记忆。常用方式为思维导图、概念图、图表、流程图或其他具体可视化的方式。

- 关联助记法也是可以提高记忆效率的方法。运用关联助记法最好是将所学知识与自己的生活关联起来，让你明白其中的意义。

- 人脑倾向于记忆事物之间的关联。所以，利用这一点，将所学的知识串联成一个故事，情节要尽量有趣、幽默、体现个人色彩，也可以是有些暗黑或者恐怖色彩的，这样更便于记忆。

- 学习策略固然重要，但大脑也需要时间停下来，利用这个时间休息并理解巩固所学的知识。所以，请将学习时间科学分段，尤其是在学习了比较有难度的知识之后，要安排休息或睡觉。或者通过切换不同任务，让大脑不同分区进行休息。

- 将知识分类归纳整理记忆（少量多次记忆）有助于减轻大脑的认知负担。依据某个共性特点将零散知识点归类，也有助于记忆。人脑在一段时间内最多可以记住大约七件事情，但你可以通过分类归纳整理来扩大记忆量。如同其他的方法一样，对知识点的分类要与你的生活相关联，这样你才会记得更快更准。

- 定期复习是通过分散的重复的复习来对抗遗忘的学习方式。它的关键是要把需要记忆的知识分散在一段较长的时间内反复理解复习，切忌简单的死记硬背。

- 进行测试和回顾训练的重点在于积极有效地回顾复习，它的主要目的是通过科学的复习方式将所学知识扎实巩固在大脑中。

- 以上记忆方法最好有机结合使用，越多越好。将它们进行创造性的多形式组合，增加大脑中神经之间的联系，从而将要记忆的知识深深地印在脑海中，以备日后运用。

第五章 ▶▶▶

应对考试的策略

一、制订计划，做好准备

学习需要有计划，应对考试也必然需要有计划。如果你属于平时都会但却考不出相应成绩的那类学生，制订计划对你而言就尤其重要了。考试时间不够、脑子不转、遗忘所学或者在错误问题上浪费太多时间——所有这些问题都会令你的努力付之一炬，成绩一落千丈。

你需要一个规划，这里我们提供一个大概的计划框架，请注意你需要根据自己的实际情况调整考试规划。

第一步：备考

如果你一直按照规划持之以恒地学习，你自然会感到自己准备充分，面对考试时也就不会有太大的压力。考前一天切忌死记硬背，你需要在轻松复习的状态中保持好心态。晚上睡个好觉，正常饮食，保持饮水量，确保一切都安排妥当。具体来说，你需要定好闹钟，准备好第二天的衣服，明确考试地点和考试时间，收拾好考试相关用品。把考试需要的一切物品都准备妥当，避免慌乱和分心，轻松面对即将到来的考试。

第二步：浏览整张试卷了解大概情况

开考了，拿到试卷后先深呼吸几下，从头到尾把试卷大致浏览一下，基于备考中的试题确定大致题型和考题方向。一定要避免看到某个试题就盲目预测或者提前着手太难的试题。

这一点很重要。你很有可能看到难题时一下子就觉得完了，然后脑子里不停地想那道糟糕的题。还有一种情况，你可能从没有意识到自己会读错题或者误解题目的含义，但这种事情确实会发生，甚至会发生在成绩优秀的学生身上。毫无疑问，弄清题意是容易实现的目标，这比较容易获得正确答案。相反，如果你做错了，就很容易失去很多分。

整体浏览试卷之后再逐题认真阅读，这并不是浪费时间，而是一种有效的策略。通过对整份试卷试题的了解，你可以把有限的时间和自己的注意力进行科学分配。

整体浏览试卷时要注意各题的分值分配，这样你能大致确定哪些题目很容易就能做出来，哪些题目分值大，需要格外重视。以此为依据，确定做题顺序，从易到难，把容易拿到的分数先收入囊中。你也不希望自己在难题上耗费太多精力而错过那些易得分的题。

认真对待每一道题。仔细审题，明确题目到底在考察什么，该怎样解题。看一下分值分配，思考评分标准中会给分的那些点。你要确信自己没有被一些修饰性词语误导，导致你抓不住重点，回答跑题。重点阅读题目中的动词来明确考题意图，然后确定答题思路和答题内容。

第三步：合理分配时间

假设考试时间为三个小时。试卷构成为 50% 的选择题、25% 的论述题和 25% 的画图题。从逻辑上来讲，你可以用一个半小时完成选择题部分。但如果你通读了整份试卷，你得出的结论可能是画图题比较难，而选择题比较容易。

如果是这种情况，你可以在选择题上节省一些时间给画图题，但一定要先做选择题。这样，当你最后做画图题时，你就可以确定自己已经把能拿的分数都拿了。你可以快速写一个简单的时间规划表，记录每部分试题的做题起止时间，这样可以提醒你避免浪费时间，你也会更加踏实。

第四步：开始答题

现在，从有把握得分的题开始作答。根据题型的不同，你可以在草稿纸上写下一些思路和答题提纲，用首字母缩写或联想替代物记录或者列出论文草稿。确切地说，你的答题内容主要取决于考点、考试题型和试题材料的难度。但是，你也可以记住以下通用的答题注意事项：

数学和科学考试题中，要注意单位。题目中出现的单位是什么；答案要求你写的单位是什么；你是否需要进行单位换算。最后不要因为没有换算成正确的单位而失分。例如：加速度单位 m/s^2。

对于数学考试，运算过程和结果都要书写工整、准确。

对于所有理工科目，要对计算结果进行验算，检查一下结果是否符合常理。以计算鱼缸的体积为例，如果你算出来的结果是 $4.5nL$，那一定是哪一步出错了。

对于画图或作表题，一定要确保添加标题、坐标轴和单位。

对于任何计算题或应用题，要注意在一边写出已知条件和要得出的结果。这会让你思路保持清晰。

对于论述题，确保要点突出，每一段都要有主题句。首先确定中心论点，确保你不会跑题。

注意卷面整洁。别以为它不重要。要注意放慢速度认真写，整理思路条理清晰，卷面整洁易辨认。

第五步：反复检查

根据题目的难易度和你自己制定的简易时间表完成所有题目。有些时候，你可能还会发现有多余的时间需要调整时间安排（如果你做题顺利的话）。不论哪种情况，都要时刻关注自己的做题速度和时间进度。做完一道题就进行检查一下，确认是否有错或者回答不完整的情况。注意一些明显的小错误，例如是不是少了一个负号或者把两个相似概念弄混了。

到底要检查几遍呢？没有固定答案。根据自己的习惯，检查无误就自信地继续做下一道题。千万不要相信所谓的"跟着感觉走"或者交卷前最后一刻修改答案——这种做法只会让你疯掉。交卷时告诉自己我已经竭尽所能答题了，考试结束了。分数很快会出来，但目前你只能等待，那就没必要给自己施加压力了。

二、选择题答题策略

我们现在来重点讲一下这个最常见的题型：选择题。选择题给你提供了选项，总能选一个答案的心态会让你的压力小一点。这是一个存在回答正确概率的题型，正如你所知，选项中一定有一个正确答案，你要做的就是找到它。接下来，我们来讲一下找到正确答案的策略。

第一步：审题

所有的题目首先都需要审题，重点从动词上找到试题考查意图。注意题目中的否定表达，如不是或者没有，还有一些绝对化的表达，如绝不是。部分选择题难度很大，尤其是选项当中出现"两者都"或"两者都不"之类的表达。

面对难题，要画出关键词句。遇到难以理解的句子，请试着转换成自己的话来表达。要注意区分那些不相关信息和迷惑信息。

一个好办法就是先读题，然后不看选项自己给出答案，接着再对照选项看是否有答案……

第二步：排除明显错误选项

确定某一选项之前，要看一下其他选项。有时候你不能确定哪个选项是正确的，但你明确地知道哪个选项错误，先把错误选项划掉，要注意避免落入命题老师的陷阱里，然后再继续做题。

第三步：区分相似选项

接下来进一步缩小范围。选项当中有没有比较相似的选项？如果有，就在相似选项当中找出正确答案。思考一下它们的相似性反映出问题的什么方面，你需要得到什么结果并且要证明什么。例如：如果两个选项数值相同但单位不同，这就是提醒你得出答案时要注意单位的使用。

有时，问题和答案本身的构成方式为我们提供了解决问题的思路。例如，你看到一个选项而且你知道这是错误选项，那它的对立面是什么呢？其他选项中有与它对立面相似的表述吗？你可能无法确定正确答案，但你可以思考哪个是最不可能的选项，然后把它排除掉。有时，仅仅从语言表达的差异和问答之间的逻辑关系就可以排除错误答案。

第四步：确定答案

做选择题最容易出现的问题就是片面地思考选择了一个看似正确的答案，而没有对所有选项进行全盘思考。一定要在对所有选项进行思考判断后再做选择。那么，如果碰到一个你不会做的题，该怎么办呢？

假如答错题不会扣分，那你凭猜测就好了。排除你能够排除的，然后选择。从前面你确定做对的题目的出题方式和思考方式来推断这些不会做的题的大致思路。例如：如果你发现正确答案往往都是最后一个，或是描述最长最具体的那一个，那么就把这个因素作为一个猜题的考虑因素。你也可以先解决能解决掉的题，最后再返回来做这道没把握的题。当你最后返回来做这道题时，你会惊讶于大脑潜意识中对它的思考，然后能比较自信地做出选择。

第五步：检查

如果你按照以上步骤认真做了每一道题，那么没有太大的必要进行检查。但不管怎样，如果你在自己限制答题时间内完成了作答任务，尚有多余时间，那就利用这些时间检查一下。尽管通过一些天马行空的猜测大概能多得几分，但一定要保证时间够用。你可以借助从其他题目上得到的解题思路更正答案，但要避免因为盲目的信念或预感改变答案。

三、论述题答题策略

接下来，我们来讨论一下论述题答题策略。从某种意义上说，论述题要比选择题更有难度。但请不必担心，因为你可以通过提前充分准备来确保写出一篇不错的文章。之前做过的题可以给你提供一些考查方向，老师们通常也会对题目范围和答题方式做出预测与指导。这意味着你可以针对考试可能出现的主题，提前进行一些模式化的练习。

与选择题不同的是，论述题的大部分分数取决于你考前的准备情况。

第一步：预测考点，针对训练

把过去考过的论述题拿出来进行总结，注意它们的写作模式和措辞，题目是否要求进行观点对比，是否要求提出自己的论点，是否要求就某一理论进行批判分析。复习重点要集中于所学课程的重要思想和老师希望你具备的主要能力上。预测一下能力要求稍高一点的考查目标，然后进行有针对性的练习。

第二步：模拟测试

列出几个可能出现的考试问题，然后针对每一个问题的作答内容写出简短的摘要和提纲，提纲中要写出每一段的主要论点。

找到一些需要记住的关键知识点、事件和数据，以备让文章更加具有说服力。这一部分要进行专门的训练。做好这一部分之后，你可以从中选择一些展开论述（只要有时间尽可能多练习），在规定时间内完成一篇文章。你可以完全按照考试状态进行模拟，以此对自己进行评估。最后，你还可以给自己的文章打分，并试着找出需要改进的地方。

第三步：列提纲

考试中，首先认真通读题目以确定考查方向，然后把你认为与考题相关的主题写下来，紧接着，构思文章框架，将之前想到的主题进行合理布局。如果题目要求对两个对象进行比较，可以设计框架：两个段落说明对象一，两个段落说明对象二，最后用三个段落对其进行比较。

你要快速画一个表格，罗列它们的不同，确保全面详尽。接下来，要考虑一下每一主题大致要写的字数，以及各部分之间如何合理过渡衔接。一篇好论文包含三个要素：论点（主要观点）、支持论点的论据和一个科学严谨的论证方式。所以，完成好论文不仅仅是呈现你的观点，而是你如何将自己的观点有机联系到一起并通过一个完整的例子将其呈现在众人面前。

第四步：写论文

经过以上准备，写论文应该不会再让你感到手足无措了吧。即使你忘记了一些关键的细节，也请相信你已经掌握了如何提供论据进行证明的关键。只要你列出来提纲，那就请你专心完成论文吧。

以下是一些写论文的规则：

如果合适的话，文章通常要包含一些理论和概念定义。

以主题背景、主要脉络或要论述的问题的简要概述开篇。

每段一个论点，各段结构一致。例如：每段开始一个主题句，紧接着论证或阐述，最后是引出下一段的过渡句。

开篇导入，结尾总结。要注意表述逻辑的一致性，不能只是前后重复或再次罗列，要把你简单清晰的观点直接展示给阅卷老师。

避免直接照抄照搬复习时写过的文章，不论切题与否。

行与行之间要留出充足的空间，以便于最后做一些补充。

像往常一样，检查是否有拼写、语法和标点错误。

尽量使用文章题目中出现的原词，确保你的论述覆盖了所有问题。

保证卷面整洁，措辞正式，表意明确。检查你的内容是否出现了与自己论点无关的无效信息。

注意用时。进行无用的阐述和论证，只会浪费时间，并不会为你多挣分数。省省力气接着做其他题吧。

要基于主题，不要把任何你想到的观点都罗列出来。老师不会因为你写了正确但无关的信息而多给你分数。要保持客观——审视自己写的内容是否真正切题。

写完之后，通读一遍，最后再调整一下。

四、考后分析总结

嘿！终于考完了，你也知道了成绩。是时候停下来缓一缓了。干得不错！

然而，从某种意义上讲，作为一名学生，最重要的工作才刚开始……

这可能是你最不想做的事情。但是，你现在可以通过这次考试来总结一下自己的各种学习方法到底产生了怎样的效果。通过这次总结，你可以取其精华，调整其中做得不够的地方，下次考试时，这能够帮助你取得更好的成绩。问自己一个严肃的问题——是否每次备考策略跟上一次考试完全一样，而不考虑这些复习方法是否真的有效？如果我们诚实地回答以上问题，就会发现，学习当中，我们都趋向于反复做同样的事情，而不是停下来真正思考这些方法是否有效。

请换一个思路：学习是一个接收过程，除非我们能清楚了解自己的表现并客观地做出调整，否则我们永远不会真正地学习和成长，也不会变得更好。我们在原地停滞不前。许多人都不敢正视"失败"，他们认为失败是可耻的，或者把失败看作是需要尽快忘掉的错误。

但是，失败并不是犯错——它是学习道路上的必经之路。如果你不主动去发现问题并改正问题，这些问题会变得根深蒂固，难以去除。你应该重新看一下试卷，针对错题总结学习中存在的问题，这是非常有用的。但这里的价值并不在于以此判断下次考试可能出现的考题，直接照抄照搬然后抛之脑后。考后分析总结的真正价值在于通过这次实战，你可以发现自己学习当中存在的错误认知、空白和有待提高的地方。

我们很容易逃避那些克服不了的困难和疑点，但是，你这样想——这些困难和疑点实际上是能让我们进步最大的、最直接的方式。毕竟，在自己擅长的事情中还能有多少提升空间呢？但是，困难和疑点就不一样了，直面它们，逐个解决，我们就可以有进步的空间。

最后一个部分，我们讨论一下学习过程中最容易忽略的一点：考试后发生的一切。本次考试，你难道不愿意付出任何代价看看自己犯了哪些错误吗？那么，考后做一下分析总结是不错的办法，这能让你发现问题，帮助你提升下一阶段的学习质量。

然而，不是总要等到考试后才能总结提升自己，你还可以自我测试，观察自己的表现，找出自己的问题并改正，提高自己。记得大考之前重复这些步骤。不论你是通过之前考试发现的问题，还是通过自我测试分析出来的问题，我们总会有办法找到自己的错误。那么，我们都会犯什么样的错误呢？

五、常见错误类型

类型一：遗漏考点

平时上课过程中，你有没有应该会的内容而没有学会，或漏掉了一些重要的内容？整体上你对知识掌握得非常好，但在某个章节或概念上没听懂，或是由于什么原因没有上课而耽误了一部分内容的学习？你应该弄清原因并及时补上。

考试时你有没有出现审题错误？是因为错过学习某堂课的内容还是其他一些什么原因，导致你忽视或忘记了应该涵盖的知识点？接下来的学习中要重点注意这些问题，并注意严格执行学习计划，避免因粗心大意或没有计划性而导致学习上的疏忽。要明确考试范围，做到全面复习。

类型二：粗心大意

粗心大意是令人十分懊恼的事情，它的问题不在于你没有掌握好该学会的知识，而在于你犯了比较低级的错误，例如：鬼使神差地读错了题、没注意到卷纸背面还有题或者手表慢了导致做题时间不够用。

那么，导致粗心大意的真正原因是什么呢？很可能是因为你心态不够稳定，出现了着急、注意力不集中或焦虑的情绪。任何干扰你专注和冷静的因素都会增加你出错的概率。

解决办法很简单：下次考试前，深呼吸、合理安排时间，冷静应考。

慢点做事——欲速则不达。有时候想快点做完某事，结果却因为犯错而浪费更多的时间去弥补错误。注意要做好准备，有条不紊地做事。面对一道题的时候，把其他问题都遮挡住，深呼吸几下，然后全神贯注于这道题。最后，还要留出足够的时间全面检查。

类型三：错失重点

你是否经历过这样的情况：上了考场发现自己废寝忘食复习的内容竟然一个都没考，或者重点考查内容你却没重点复习，复习的内容都不是重点。最糟糕的是，你完全忽视的内容却是重要考查对象，你因此考砸了。

如果不进行规划就急忙投入复习，很容易在一开始就走错方向，分不清复习的重点。科学的做法是，在准备复习之前，先根据平时老师讲课时的要求，确定考试重点，然后有所侧重地复习。

这是一个相对容易解决的问题。当然，不是让你"为了考试而学习"。而是在制订考试计划之前，先明确考试范围和考查重点，做到科学备考。你可以请教老师，或者从之前的模拟题中确定各章节内容所占的考试比重。这里没有绝对的策略，不过如果某个知识点在考题中反复出现，那就说明它确实很重要。另外，补充阅读材料不大可能是核心考点。

类型四：错误应用

也许你认真复习之后发现面对考试时还是一头雾水，不知道该用哪一部分知识进行答题。还有可能是复习中背诵了很多理论性的东西，但考试题却要求你运用这些理论来分析新问题。学与考之间是有一定差距的。学习时，我们将整体的知识分成各个章节或主题，逐个理解、掌握，考试时却需要我们把学过的知识整合在一起，综合运用。

因此，解决这个问题的关键在于必须尽量多接触不同的题型。不仅要明白出题者的意图，还要弄清楚自己所学的这些知识点应该如何整合成得分点。只记一些数据是不够的，你需要针对这些数据做出分析，并将其汇总表明自己的观点。所以，假如你总是在这方面失分，你就要注意不能只是绘制思维导图、罗列知识点了，你要能够构建对应的概念图，明确不同概念展示的相同的核心思想；理解这些看似孤立的知识点之间的内在联系。

类型五：理解有误

这种类型的错误比较容易体现出来。造成这类错误的原因是没有深刻理解知识点而导致答题不够全面。通常面对这类错误时，一开始你还不知道自己错在哪里。当看到答案时，你有可能会恍然大悟。坦率地说，这就是对问题理解不够深刻造成的。

不论是没有学会还是没有学透，你都应该重头再认真学一遍。也许是因为低估了掌握这些知识需要付出的时间和精力，总之，你需要加大努力，把没有学懂的知识再学习一遍。

确实，偶尔也会出现阅卷老师压分的现象。所以，你一定要弄清楚具体原因，排除压分现象之后就要正视自己的问题了。但如果确实是由于老师评卷时压分，你要考虑的应该是如何调整答题方式，让阅卷老师更能清楚了解你的观点。

考后进行试卷分析时，请用以下几个问题进行总结归纳：

你对考试形式的预测是否足够准确？关于考试内容你是否经常在考完之后才明白？你从考题形式中学到了什么？

你犯了哪些错误？大家对于你的学习情况作何评价？

你会采取哪些具体措施来避免再次犯同样的错误？

最后，找出自己做得好的地方，分析原因。这就是成功的经验，要记得保持！

扎实学习和掌握知识只是一方面，另一方面还要理解考试本身要求。你不能只是把知识装进了脑子里，还要明白如何把它们展现在卷纸上。一定要提高自己的答题技能以便拿到分数。

如果你在考试中总是没办法取得理想的成绩，千万不要气馁。诚然，对结果抱有很大期待却没有实现是很令人沮丧的，但请尽量消除这些负面情绪，客观冷静地分析一下自己的问题。不要失去信心，也不要对问题产生逃避或宿命心理。我们要具有科学家的探究精神，坚持找出问题所在。也许经过分析，你会发现并不是你没有学好知识，而是考题难度太大或者自我期待过高。还要明白，一次考试并不能证明什么，重要的是学习过程，这才是你成熟的标志。

本章要点：

- 备考需要策略，应考也需要策略。这些策略因人而异，但不变的核心是：充分复习、分清主次、仔细审题、科学答题。

- 开考前，浏览试卷，根据试题难度和分数比重合理分配考试时间。做出时间安排表并在答题过程中随时关注答题进度。

- 对于理科性考试，注意计算单位和易混淆的术语。对于其他考试，要注意认真审题，确保花些时间条理清晰地规划你的答案。

- 运用合适的选择题答题策略。同样，要注意审题，看选项前自己要先思考出答案。选择时首先排除明显错误选项，然后分析相似选项，最后做出选择并检查结果。切忌临时改变答案。至少你总是有选对的概率。

- 对于论述题，要有足够的复习准备时间。首先明确一些考试可能出现的考点方向；然后整理思路，罗列可能需要的知识点和材料；最后列出提纲，规范答题。

- 最后，考试结束并不是终点，要根据考试结果进行分析，找出问题，把它当作日后学习考试的经验教训。这就是学习的本质：在错误中成长。

第一章　充分利用课堂时间

● 高效利用课堂时间归根结底就是练就积极专注的听课习惯。听课其实是多种不同能力的集合，它包括五个阶段。

● 接收阶段，我们持续专注于学习新材料并努力获取更多信息。理解阶段，我们将听到的信息置于对应的语境当中理解其意义，并明确这些信息包含的意图以及它们与我们之间的关联。

● 评价阶段，我们对所学材料的质量和实用性进行评价，提出自己的观点和态度。反馈阶段，我们对所学信息做出言语性或非言语性的反馈。最后，记忆阶段，我们重温学过的东西，并用一些线索来唤起当初的记忆。

● 现实当中，这几个阶段彼此之间没有明显的分界，彼此重叠。它们在整个学习过程中不断重复。你在任何阶段产生的问题都可能成为整体上真正理解学习材料的关键问题。

● 听课技巧能帮助你组织并引导你的听课行为。首先停下当下的杂事，专注听课；然后通过记笔记、提问和复述等方法投入到学习当中；接着，依据接收到的信息对接下来的内容进行合理预测；最后就是进行及时的复习巩固。

● 彼得记笔记法能帮你从真正意义上理解记忆信息。它主要包括四个步骤：（1）像以往一样尽可能详细地记录接收到的信息；（2）用自己的语言归纳信息并整理出重要的问题；（3）将归纳的具体信息与整节课内容联系起来；（4）解决其他问题并再次总结每一章节的知识。通过系统地提取和总结关键信息，你记笔记的过程是积极有效的。SQ3R 法用于处理文本信息，它包含五个阶段：浏览、提问、阅读、复述和复习。

● 最后，如果阅读材料时能提出问题并进行批判性思考，你就更有可能对其进行理解、记忆，从而真正掌握所学知识。

第二章　精通所学科目

● 教会他人的过程中，我们自己的理解和记忆得以加深，因为我们挖掘到了材料背后更丰富的内涵。与其他策略相比，教会他人应该是提高记忆和加深理解的最好方法。

● 门徒效应指的是教别人学会东西的学生学得更扎实。这可能与他们用更强的责任心来对待学习有关系，他们因此也学到了更多的东西，且日后的学习会更顺利。

● 类比、举例和比喻都是深刻理解新学概念的有力工具。为了在教与学的过程中更有效地使用它们，请尽可能多地使用不同的类比，并且混合使用几种方式，举例主要用于解释说明。请注意使用类比时要进行有效类比（这才是它的本质目的），同时建议用于较为复杂的概念。因为容易的概念使用类比反而会造成混淆，适得其反。

● 布鲁姆认知分类理论是帮助你理解知识或加深记忆的路线图。它可以为我们指出深化记忆的路径。并非一定要达到这一认知分类理论的六个层次，但每前进一个层次都需要建立在上一层次扎实的基础之上。

● 布鲁姆认知分类理论的六个层次是：识记、领会、运用、分析、评价和创造。如果你在学习中遇到了困难，你可以对照上述六个层次找出自己目前知识掌握所处的层次，然后认真做到下一个层次需要达到的程度。要注意避免急于求成，切忌没有做好上一层次就开始了下一层次，这样只会让接下来的学习更加困难。

● 有效失败是指那些在学习或做事中产生的能够打开我们的思路，启发我们理解的错误、尝试与失败。它比被动接受正确的方法更有意义。遇到困难时靠自己去发现问题是很艰难的，但这个过程会让我们对所要学习的东西形成更细致的理解。从失败中我们得到的启发是：积极面对学习中的混乱和不确定性，它们可以加深你对知识的理解。

第三章　制订计划与管理时间

● 有效学习的关键是高效管理时间以及充分利用学习资源，同时还要确保自己心里有成功的目标，并且为其创设适宜的学习环境。舒适、安静、不被打扰，这就是理想的学习环境。

● 根据自己的学习节奏和偏好，规划每周和每天的学习时间。学习要分时段进行，每段时长不宜过长。学习应安排在自己精力充沛和专注力好的时段，并在每周计划表上划出这些时间段。

● 学习好是长期积累的结果，并不是一朝一夕的事情。请认真为自己设计一个适合自己的学习计划。首先要列出学习清单，并且坚持下去。

● 确保你能够调节压力和焦虑。你可以冥想、写日记或专门留出时间调整自己的状态，不要让这些负面情绪影响你的学习。

● 制订学习计划时，需要注意两个要素：准备和复习。它们之间可以循环反复。准备阶段，你要整理一些独特的笔记、做总结、制作概念图以及列出对于新知识存在的困惑。复习阶段，你可以通过自我检测或复习例题来巩固学过的东西。根据学习主题的不同和掌握程度来确定学习时长。

● 学习过程中准备和复习两个环节可以交替循环，也可以结合其他多种学习方法共同使用。使用得越早，你就能越快地了解到自己掌握和没有掌握的部分，并进行调整。

● 有利于学习的生活方式是健康的。充足睡眠、健康饮食、积极调控自身压力，还要确保自己有足够的休息时间来消化吸收学到的东西。

● 几个有助于提高学习效率的科学方法：深呼吸、整理书桌、保持适宜的室温以及学习时远离你的床。

第四章　记忆方法

● 知道如何最大化地激发记忆潜能，这对你学习知识和应对考试都是极其重要的。人类大脑存在天然的局限性，但假如你明白如何扬长避短，你就可以在学习中取得更为理想的成绩。

- 你可以尝试将要记忆的信息转化为生动的图像或非文字性的数据，这样更容易记忆。常用方式为思维导图、概念图、图表、流程图或其他具体可视化的方式。

- 关联助记法也是可以提高记忆效率的方法。运用关联助记法最好是将所学知识与自己的生活关联起来，让你明白其中的意义。

- 人脑倾向于记忆事物之间的关联。所以，利用这一点，将所学的知识串联成一个故事，情节要尽量有趣、幽默、体现个人色彩，也可以是有些暗黑或者恐怖色彩的，这样更便于记忆。

- 学习策略固然重要，但大脑也需要时间停下来，利用这个时间休息并理解巩固所学的知识。所以，请将学习时间科学分段，尤其是在学习了比较有难度的知识之后，要安排休息或睡觉。或者通过切换不同任务，让大脑不同分区进行休息。

- 将知识分类归纳整理记忆（少量多次记忆）有助于减轻大脑的认知负担。依据某个共性特点将零散知识点归类，也有助于记忆。人脑在一段时间内最多可以记住大约七件事情，但你可以通过分类归纳整理来扩大记忆量。如同其他的方法一样，对知识点的分类要与你的生活相关联，这样你才会记得更快更准。

- 定期复习是通过分散的重复的复习来对抗遗忘的学习方式。它的关键是要把需要记忆的知识分散在一段较长的时间内反复理解复习，切忌简单的死记硬背。

- 进行测试和回顾训练的重点在于积极有效地回顾复习，它的主要目的是通过科学的复习方式将所学知识扎实巩固在大脑中。

- 以上记忆方法最好有机结合使用，越多越好。将它们进行创造性的多形式组合，增加大脑中神经之间的联系，从而将要记忆的知识深深地印在脑海中，以备日后运用。

第五章　应对考试的策略

- 备考需要策略，应考也需要策略。这些策略因人而异，但不变的核心是：充分复习、分清主次、仔细审题、科学答题。

- 开考前，浏览试卷，根据试题难度和分数比重合理分配考试时间。做出时间安排表并在答题过程中随时关注答题进度。

- 对于理科性考试，注意计算单位和易混淆的术语。

对于其他考试，要注意认真审题，确保花些时间条理清晰地规划你的答案。

● 运用合适的选择题答题策略。同样，要注意审题，看选项前自己要先思考出答案。选择时首先排除明显错误选项，然后分析相似选项，最后做出选择并检查结果。切忌临时改变答案。至少你总是有选对的几率。

● 对于论述题，要有足够的复习准备时间。首先明确一些考试可能出现的考点方向；然后整理思路，罗列可能需要的知识点和材料；最后列出提纲，规范答题。

● 最后，考试结束并不是终点，要根据考试结果进行分析，找出问题，把它当作日后学习考试的经验教训。这就是学习的本质：在错误中成长。